仕組み　国民年金　厚生年金　老齢基礎　老齢厚生　旧・老齢　外国人等　企業年金／個人年金　障害給付　遺族給付　受給手続き

JN056687

年金制度の仕組み

1. 基礎年金と厚生年金

　日本の年金制度は、国民年金からは、すべての国民に共通する基礎年金が支給され、厚生年金保険からは、基礎年金に上乗せする報酬比例の年金が支給されるという、二階建ての年金給付の仕組みをとっています。

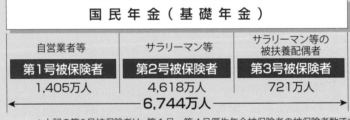

厚 生 年 金		
国 民 年 金 （ 基 礎 年 金 ）		
自営業者等	サラリーマン等	サラリーマン等の被扶養配偶者
第1号被保険者	第2号被保険者	第3号被保険者
1,405万人	4,618万人	721万人
6,744万人		

　＊上記の第2号被保険者は、第1号〜第4号厚生年金被保険者の被保険者数です。
　＊令和4年度末の加入者数です。

■国民年金は基礎年金を支給

　国民年金は、自営業者等だけでなく、厚生年金保険の加入者とその配偶者にも共通する給付として、①老齢基礎年金、②障害基礎年金、③遺族基礎年金、の3種類の基礎年金を支給します。

　また、国民年金には、以上の基礎年金のほかに、自営業者等の第1号被保険者のための独自の給付として、付加年金、寡婦年金、死亡一時金があります。

■厚生年金は基礎年金に上乗せ

　厚生年金保険が適用されている事業所に勤めるサラリーマン等は、国民年金と厚生年金保険の2つの年金制度に加入することになります。

　厚生年金保険から支給される年金は、加入期間とその間の平均収入に応じて計算される報酬比例の年金となっていて、次のように基礎年金に上乗せする形で3種類が用意されています。

老齢厚生年金	障害厚生年金	遺族厚生年金
老齢基礎年金	障害基礎年金	遺族基礎年金

＊老齢基礎年金に遺族厚生年金が上乗せして支給されたり、障害厚生年金のみが支給されるなど、上記とは異なった形で厚生年金が支給されることがあります。

■日本年金機構

　日本年金機構は、厚生労働大臣（国）から委託を受けて、公的年金についての一連の運営業務を担っています。

　また、全国312カ所の年金事務所が、国民年金、厚生年金保険の届書等の受付け（郵送でも受け付けます）や年金相談の窓口となっています。

■基礎年金番号と基礎年金番号通知書

　従来は、国民年金や厚生年金保険に加入すると年金手帳が交付され、多くの手続きにおいて年金手帳の添付が求められていました。現在では、行政手続きの簡素化および利便性の向上を推進する観点から、「基礎年金番号を明らかにする書類」だけで手続きが可能とされているほか、個人番号（マイナンバー）を記載して届出をした場合は、基礎年金番号を明らかにする書類の提出は不要とされています。

　こうした今日の環境の変化を踏まえて、年金手帳の形式と役割が見直されることになりました。

　令和4年4月からは、新たに国民年金の第1号被保険者、第2号被保険者、第3号被保険者となった人、つまり、20歳到達者や20歳前に厚生年金保険の被保険者となった人などに対する資格取得のお知らせとして、年金手帳に代わ

って「基礎年金番号通知書」が交付されることになりました。

■年金の請求と年金を受けられる期間

　年金は、加入期間、年齢、その他の条件がそろったとしても、自動的に支給されません。請求の手続きをして、審査の結果、それが認められて初めて、支給されます。

　手続きをする場所は、加入期間が7頁の国民年金の第1号被保険者のみの人は市区町村の国民年金の窓口、その他の人は年金事務所となっています。

●年金請求書の事前送付

　老齢給付の資格期間を満たし受給開始年齢（老齢基礎年金では65歳）を迎える人を対象にして、受給開始年齢になる3カ月前に、日本年金機構から、年金加入記録等をあらかじめ印字した**年金請求書**などの書類が、**事前に送付**されています。

　この事前送付された年金請求書を受け取った人は、印字された内容を確認して、漏れなどがあった場合は訂正するなどして、その年金請求書と必要な添付書類を指定された場所（市区役所・町村役場、年金事務所）に郵送または訪問によって提出して、請求の手続きをすることになります。

　なお、加入期間が10年に満たない人には、年金請求書が事前送付されず、代わりに「年金加入期間の確認のお知らせ（案内）」が日本年金機構から本人あてに送付されることになっています。

●年金を受けられる期間

　年金は、受ける権利を得た（受給権が発生した）月の翌月から、死亡などによって受けられなくなる月の分まで支給されます。

■年6回の支払い

　年金は、国民年金、厚生年金保険とも、2月、4月、6月、8月、10月および12月の年6回の支払い日に分けて、前の2カ月分（例えば4月のときは2月と3月の2カ月分）の年金が、請求時に指定した銀行またはゆうちょ銀行などの金融機関を経由して支払われます。

●年金支払いの具体例

　例えば、4月に年金を受ける権利を得た人の場合、翌月の5月から年金を受

4

けられます。ただし、この人に実際に年金が支払われるのは6月で、そのときは、5月の1カ月分の年金が支払われることになります。

■年金額は1円未満を四捨五入

　年金額の計算で1円未満の端数が生じた場合、1円未満を四捨五入して計算されます。基礎年金と厚生年金の2つの年金が支給される場合、双方とも1円未満を四捨五入します。

●支払い月ごとの端数処理

　また、前記の2カ月ごとの支払い月の支払い額に1円未満の端数が生じた場合、その端数は切り捨てられます。ただし、この切り捨てられた金額の合計額は、毎年2月に支払われる年金額に加算されます。

■令和6年度の年金額

●令和6年度の改定率1.045（69歳以上の人は1.042）

　年金額は、法定額に毎年度定められる改定率をかけて計算されます。

　改定率は、物価変動率と名目手取り賃金変動率に応じて毎年度算出されます。令和6年度の改定率を計算するときの名目手取り賃金変動率は、1.032（令和5年の物価変動率）× 0.999（令和2年度～令和4年度平均の実質賃金変動率）× 1.000（令和3年度の可処分所得割合変化率）で計算された1.031となります。

　その結果、名目手取り賃金変動率が1.031で物価変動率が1.032となり、名目手取り賃金変動率が物価変動率を下回るため、67歳以下の新規裁定者および68歳以上の既裁定者の年金額はどちらも名目手取り賃金変動率で改定されることになります。また、令和6年度は、マクロ経済スライドによる調整率（0.996）が実施されます。

　なお、令和6年度中に68歳に達する昭和31年4月2日から昭和32年4月1日までの間に生まれた人（以下、本書では、昭和31年度生まれの人）は、令和5年度においては新規裁定者として名目手取り賃金変動率によって前年度の改定率が改定され、令和6年度の改定では新規裁定者・既裁定者ともに名目手取り賃金変動率で改定されるため、令和6年度においては昭和32年4月2日以後生まれの新規裁定者と同じ年金改定率（1.045）が適用されることになります。

　令和6年度の満額の老齢基礎年金の額は、法定額の780,900円に令和6年度

の改定率1.045（既裁定者は1.042、ただし昭和31年度生まれは1.045）をかけた
額の100円未満を四捨五入した816,000円（既裁定者は813,700円、ただし昭和
31年度生まれは816,000円）となります。

　ただし、国民年金の基礎年金の額および子の加算額、厚生年金保険の加給年
金額などは、法定額に改定率をかけた額の100円未満を四捨五入した額となり
ますが、60歳台前半の老齢厚生年金の定額部分の単価などは、法定額に改定
率をかけた額の1円未満を四捨五入した額となります。

● マクロ経済スライド

　平成16年改正により、将来の保険料負担の上限を設定し、その範囲内で給付
水準が調整されることとなりましたが、次の2つの理由によって年金財政の悪
化が予想されます。

①少子化によって公的年金加入者が減少することによる保険料収入の減少。

②平均寿命が伸びて高齢者が増加することによる年金給付費の増大。

　そこで、上記の①と②の状況に応じて給付水準を調整する**マクロ経済スライ
ド**を導入して、下記の図のように賃金・物価の伸び率から**スライド調整率**を差
し引いた率によって年金額が計算されることになりました。

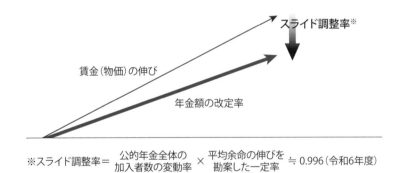

＊給付と負担のバランスがとれ、年金財政が安定する見通しが立った場合、この調整
　は終了します。

＊マクロ経済スライドの仕組みについては、平成30年4月から、賃金（物価）が下
　落したなどの理由により調整が行われなかった年度があれば、その未調整分は特別
　調整率として、翌年度以降の、賃金（物価）が大幅に上昇した年度に繰り越して（キ
　ャリーオーバー）調整されることになっています。

2. 国民年金に加入する人

　日本国内に住んでいる20歳以上60歳未満の人は、国民年金に加入することになっています。
　国民年金の加入者は、第1号被保険者、第2号被保険者、それに第3号被保険者の3種類に分かれています。

■必ず加入しなければならない人

　国民年金は、20歳以上60歳未満の人が40年加入して、65歳から満額の老齢基礎年金を受け取る仕組みになっています。このため、日本国内に住む20歳以上60歳未満の人は、原則的には全員国民年金に加入することになっていて、昭和61年4月1日から、国民年金の被保険者は次の3種類になっています。

第1号被保険者	第2号被保険者	第3号被保険者

日本国内に住む20歳以上60歳未満の自営業者と学生など	厚生年金保険の被保険者（老齢厚生年金等を受けられる65歳以上の人は除かれます）	第2号被保険者の被扶養配偶者で20歳以上60歳未満の人

■国民年金加入者の手続き

●第1号被保険者の手続き

　第1号被保険者になったとき（第2号・第3号被保険者から第1号被保険者にかわったときを含みます）は、市区役所・町村役場での届出が必要です。

7

●第2号被保険者の手続き

　第2号被保険者になったとき（第1号・第3号被保険者から第2号被保険者にかわったときを含みます）の届出は、勤め先の事業主が年金事務所で行うことになっているため、本人が届出しなくてもよいことになっています。

●第3号被保険者の手続き

　第3号被保険者に該当するのは、20歳以上60歳未満の人のうち、厚生年金保険の被保険者（第2号被保険者）である配偶者の収入によって生計を維持している人であり、具体的には、健康保険の被扶養配偶者にあたる人とされます。

　第3号被保険者になったとき（第1号・第2号被保険者から第3号被保険者にかわったときを含みます）の届出は、簡素化して届出の漏れを防止するために、健康保険の被扶養者（異動）届と一緒に、配偶者の勤め先の事業主が年金事務所で行うことになっています。

　第3号被保険者は個人で保険料を納めなくてもよい制度ですが、届出を怠ると年金未加入期間が発生することがあります。次の場合には、必ず第3号被保険者の届出をすることになっています。

(1) 配偶者の就職などで健康保険の被扶養配偶者となったとき

(2) 婚姻によって健康保険の被扶養配偶者となったとき

(3) 健康保険の被扶養配偶者が20歳になったとき

(4) パート年収の減少等で健康保険の被扶養配偶者となったとき

　なお、第3号被保険者であった人が、配偶者の退職や離婚、本人のパート年収が130万円以上になるなどで被扶養配偶者でなくなったときは、第1号被保険者にかわるための届出を本人が市区役所・町村役場で行うことになっています。

※いわゆる「年収の壁」支援強化の対応策により、令和5年10月より、労働時間延長等に伴う一時的な収入の増加により130万円以上となった場合には、ただちに被扶養者認定が取り消されず、労働時間延長等に伴う一時的な収入変動である旨の事業主の証明を添付すれば、被扶養者認定が継続されることになります。

＊第3号被保険者であった人が就職などで厚生年金保険の被保険者になったときは第2号被保険者となります。

●第3号被保険者の特例手続き

　平成17年4月から、被扶養配偶者だったのに、第3号被保険者になるため

の手続きが済んでいない人は、年金事務所で特例手続きをすることができます。

　この手続きをして承認されれば、最長、昭和61年4月までさかのぼって第3号被保険者になることができます。

＊また、平成17年4月以後の期間について第3号被保険者の届出が遅れた場合、年金事務所で手続きして、やむを得ない事由によって遅れたと認められれば、第3号被保険者になることができる仕組みも設けられています。

●手続きには基礎年金番号通知書または年金手帳が必要です

　基礎年金番号通知書または年金手帳をもっている人は、手続きの際に、市区役所・町村役場または事業主に提出することになっています。

　また、住所や氏名がかわったときにも、市区役所・町村役場または年金事務所で年金の手続きを行うことになっています。

●65歳以上の厚生年金保険の被保険者の場合

　平成14年4月から、厚生年金保険の被保険者の範囲が65歳未満から70歳未満の人に拡大されましたが、老齢厚生年金等を受けられる65歳以上の人は国民年金の第2号被保険者とされないことになっています。

　したがって、その人に扶養されている配偶者は、20歳以上60歳未満であっても第3号被保険者にならず、第1号被保険者となります。

●第3号被保険者の記録不整合問題への対応

　第3号被保険者が、その配偶者である第2号被保険者の離職、離婚等にともなう種別変更により、実際には第1号被保険者になっていたにもかかわらず必要な届出を行わなかったため、年金記録上は第3号被保険者のままとなっていたという不整合の事例が発生しました。

　この問題に対応するため、平成25年7月から次のような措置がとられました。

　①不整合記録に基づく年金額を正しい年金額に訂正すること

　②不整合期間を「カラ期間」とみなして無年金となることを防止すること

　③平成27年4月から3年間、過去10年間の不整合期間に対する特例追納の実施

　平成30年4月以後は、訂正後の記録に基づいた年金額が支払われることになりました。

＊詳細については、年金事務所、120頁の**ねんきん加入者ダイヤル**（0570-003-004）などに問い合わせてください。

■希望すれば加入できる人

　次の人たちは、必ず加入しなくてもよいが、希望すれば市区役所・町村役場に申し出て国民年金の任意加入者になることができます。

(1) 被用者の年金制度の老齢（退職）年金を受けられる20歳以上60歳未満の日本国内に住所がある人

(2) 日本国内に住所がある60歳以上65歳未満の人

(3) 日本国内に住所がない20歳以上65歳未満の日本人

＊(3)の場合の申出先は、これから海外に転出する人は住所地の市区役所・町村役場、すでに海外に住所がある人は日本国内の最後の住所地を管轄する年金事務所、日本に住所を有したことがない人は千代田年金事務所国民年金課（〒102-8337　東京都千代田区三番町22　電話03-3265-4381）となっています。

　老齢基礎年金の資格期間を満たしていない人は、当然、これらの任意加入者になれますが、老齢基礎年金の資格期間を満たしていても、満額の老齢基礎年金を受けられない人が、できるだけ満額の年金に近づけることを目的にしてこれらの任意加入者になることができます。

　これとは別に、昭和40年4月1日以前に生まれ、加入期間が不足しているために老齢基礎年金の資格期間を満たしていない人に限って、65歳から70歳になるまでの間、任意加入できることになっています。

　なお、任意加入者は、次頁の第1号被保険者と同額の国民年金の保険料を納めることになっています。この場合、原則として、銀行またはゆうちょ銀行などの金融機関の口座振替によって納付することになっています。

　なお、任意加入者は、希望すればいつでもその加入をやめることができます。また、保険料を滞納して督促状の指定期限までに保険料を納めなかったり、海外在住の日本人が保険料を納めなくなって2年が過ぎたときにも加入資格を失います。

●任意加入は40年（480月）まで

　国民年金の加入期間は40年（480月）に限られています。

　そこで、任意加入者は、40年の加入期間に達した時点で加入資格を失います。また、仮に、40年を超えて保険料が納められたときには、その超過分は本人に還付されることになっています。

3. 国民年金の保険料

第1号被保険者の毎月の保険料の額は、令和6年度は16,980円、令和7年度は17,510円となっています。

第2号被保険者と第3号被保険者は、個別に国民年金の保険料を納める必要はありません。

■保険料の額はいくらか

第1号被保険者（国民年金の任意加入者を含む）の保険料の額は、誰もが同じ定額制となっていて、令和6年度は月額16,980円、令和7年度は月額17,510円となっています。

＊第1号被保険者（国民年金の任意加入者を含む）は、国民年金基金に加入していなければ付加年金のための付加保険料（月額400円）を納めることができます。

●令和6年度、令和7年度の保険料の額

	通　常	4分の1免除	半額免除	4分の3免除
令和6年度	16,980円	12,740円	8,490円	4,250円
令和7年度	17,510円	13,130円	8,760円	4,380円

＊4分の1免除、半額免除、4分の3免除については13頁参照。

第2号被保険者と、その被扶養配偶者である第3号被保険者については、加入している制度の実施機関（21頁参照）がまとめて国民年金に拠出金を負担しますので、個別に国民年金の保険料を負担する必要はありません。

■保険料の納め方

毎月の保険料は、毎年4月に日本年金機構から送られてくる「国民年金保険料納付案内書」によって翌月の末日までに納めます。

納め先は、金融機関等（銀行、ゆうちょ銀行、農協、漁協、信用組合、信用金庫、労働金庫）のほか、コンビニエンスストアとなっています。また、これらの金融機関等のほとんどで、口座振替もできることになっています。

　なお、インターネット（パソコン、携帯電話）、スマートフォンアプリまたはクレジットカードからも納めることができます。

●前納・時効

　一定期間の保険料をまとめて納めれば割引きになる**前納制度**もあります（口座振替によって前納すると、割引率も有利になります）。平成26年度からは、それまでの6カ月、1年前納に加え、新たに「2年前納」が始まり、さらに割引率が大きくなりました。

＊例えば、一番有利な口座振替による令和6年4月〜令和8年3月の2年分の前納では、毎月の納付に比べ、16,590円の割引きになります。

＊通常の口座振替には割引きはありませんが、**口座振替の早割**（当月保険料を当月末引落とし）をすると、保険料が割引き（月額50円）になります。

　ただし、口座振替やクレジットカードで1年分、2年分の前納（4月〜9月の6カ月分の前納を含む）を希望するときは、2月末までに年金事務所に申し込む必要があります。そのほか、詳細については、年金事務所にご相談ください。

　また、保険料は、2年たつと時効によって、納める権利がなくなります。

■保険料免除制度

　国民年金の第1号被保険者のうち、経済的に保険料を納めることが困難な人などのために、**保険料免除**と**学生納付特例**などの制度があり、これらを利用すれば、保険料の納付が免除されたまま、老齢基礎年金、障害基礎年金などを受ける権利が保障されることになります。

　保険料免除には、**法定免除**と**申請免除**の2種類があります。

＊国民年金の任意加入者には、保険料免除制度が適用されません。

●法定免除

　生活保護法による生活扶助を受けている人、障害基礎年金または障害厚生年金などを受けている人は、市区役所・町村役場に届け出れば保険料が免除されますが、これを**法定免除**といいます。

●申請免除

　これに対して**申請免除**では、次のいずれかに該当する人が、その旨を市区役所・町村役場に申請して認められたときに保険料が免除されます。

(1) 所得が一定額以下である人——所得の状況によって、次の「4分の1免除」、「半額免除」、「4分の3免除」、「全額免除」のいずれかになります。

(2) 障害者、寡婦またはひとり親であって、前年の所得が135万円以下である人

(3) 生活保護法による、生活扶助以外の扶助を受けている人

(4) 次の事由などによって保険料を納めることが著しく困難となっている人
①震災、風水害、火災などの災害によって、財産の価格の概ね2分の1以上の損害を受けた場合、②失業

●申請免除のための所得基準など

　申請免除には、保険料の全額が免除される「全額免除」のほか、「4分の1免除」、「半額免除」および「4分の3免除」があります。

　これらの免除の概要は次のとおりとなっていて、第1号被保険者の所得が、次に示した額以下であることが必要となっています。

(1) 4分の1免除——保険料の4分の1が免除——保険料の4分の3の額（令和6年度は12,740円、令和7年度は13,130円）を納付。
前年[注1]の所得：168万円＋扶養親族等の人数×38万円[注2]

(2) 半額免除——保険料の半額が免除——保険料の半額（令和6年度は8,490円、令和7年度は8,760円）を納付。
前年[注1]の所得：128万円＋扶養親族等の人数×38万円[注2]

(3) 4分の3免除——保険料の4分の3が免除——保険料の4分の1の額（令和6年度は4,250円、令和7年度は4,380円）を納付。
前年[注1]の所得：88万円＋扶養親族等の人数×38万円[注2]

(4) 全額免除——保険料の全額が免除。
前年[注1]の所得：（扶養親族等の人数＋1）×35万円＋32万円

注1）1月分から6月分までの保険料については、前々年の所得により納付免除可能かどうかが判断されます。

注2）38万円は、扶養親族等が、同一生計配偶者または老人扶養親族のときは48万円、16歳以上23歳未満の特定扶養親族等のときは63万円となります。

＊上記の(1)から(3)で納付する保険料の額は、10円未満の端数を四捨五入して算出されます。

●申請免除に関する注意事項

① 第1号被保険者本人が13頁上(1)〜(4)の申請免除の基準のどれかに該当しても、世帯主または配偶者がそれらの基準のいずれにも該当しなければ、第1号被保険者本人の申請免除は認められません。

② 免除申請は年度ごとに行うことになっています。ただし、全額免除（納付猶予）を承認されていた人が引き続き全額免除（納付猶予）を希望する場合には、あらかじめ継続申請を行えば、翌年度以降の申請書の提出が省略できます。

③ 4分の1免除では4分の3の額の保険料、半額免除では半額の保険料、4分の3免除では4分の1の額の保険料を、それぞれ納付することになっていますが、これらの保険料を納付しなかった場合、該当する期間は保険料未納期間になります。

●退職（失業）時の特例免除制度（13頁上の申請免除の(4)に該当する場合）

　免除申請する年度またはその前年度に退職（失業）した人は、特例免除制度を利用することができます。この特例免除では、通常は審査の対象となる本人の所得の状況を除外して審査が行われます。ただし、配偶者、世帯主に一定以上の所得があるときは免除が認められないことがあります。

＊この場合、全額免除のほか、申請者の任意で、4分の1免除、半額免除または4分の3免除も選択できることになっています。

●納付猶予制度

　20歳以上50歳未満の第1号被保険者本人（次頁の「学生」を除きます）および配偶者（配偶者には年齢制限はありません）が13頁上(1)〜(4)の申請免除の基準（(1)においては「全額免除」の基準のみとなります）のどれかに該当すれば、世帯主の所得状況にかかわらず、本人が申請することにより保険料の納付が**全額猶予**されます。この納付猶予には、4分の1免除などの一部免除はありません。

＊この制度の実施には令和12年6月までの期限がついています。

●学生納付特例

　20歳以上の学生である第1号被保険者が13頁上(1)〜(4)の申請免除の基準（(1)においては「半額免除」の基準のみとなります）のどれかに該当すれば、世帯主および配偶者の所得状況にかかわらず、本人が申請することにより保険料の

納付が**全額猶予**されます。この学生納付特例には、4分の1免除などの一部免除はありません。

＊この場合の学生は、大学（大学院）、短大、高校、高等専門学校、専修学校または各種学校その他に在学する人で、夜間・定時制課程や通信課程の学生も含まれます。

●産前産後の保険料の免除

平成31年4月から、第1号被保険者が出産する場合には、出産予定月の前月（多胎妊娠の場合には出産予定月の前3カ月目）から出産予定月の翌々月までの各月分の保険料の納付が全額免除されます。そして、この全額免除された月は、保険料納付済期間に算入されます。

なお、この産前産後免除の出産とは、妊娠85日（4カ月）以上の分娩をいいます（早産、死産、流産、人工中絶を含む）。

また、産前産後免除の届出には期限が設けられていないため、保険料の納付期限から2年を経過したとき以後に産前産後免除の届出を行った場合でも、産前産後免除期間の保険料は免除されます。

■追納

平成21年度から国庫負担の割合が3分の1から2分の1へ引き上げられたため、老齢基礎年金では、保険料を納めた期間の1に対して、4分の1免除期間は8分の7、半額免除期間は4分の3、4分の3免除期間は8分の5、全額免除期間は2分の1で年金額が計算されます。

また、納付猶予制度と学生納付特例は、老齢基礎年金の資格期間に算入されますが、年金額には反映されない**カラ期間**となります。

そこで、これらの免除期間等について、後でゆとりができたときに、追納が承認された月の前10年以内の期間であれば、保険料を「追納」して満額の老齢基礎年金に近づけられることになっています。

追納できる期間は、原則、先に免除された期間からとなっていますが、納付猶予制度と学生納付特例期間がある場合、これらの期間から先に追納することも選択できます。

＊免除期間についても次図のBの1/2の国庫負担分が支給されます。全額免除は国庫負担分の1/2のみですが、例えば、半額免除では、次図のAの1/2に対し、その半額の保険料を納めているため、1/4（Aの1/2の半分）＋1/2（B）＝3/4となります。

A（本人負担分）$\frac{1}{2}$	B（国庫負担分）$\frac{1}{2}$

＊平成21年度から国庫負担の割合が1/3から1/2に引き上げられたため、平成20年度までに免除された期間については、全額免除では国庫負担のみの1/3、半額免除では1/3（本人負担分の2/3の半分）＋国庫負担分の1/3＝2/3となります。

●追納保険料額

　追納する場合の保険料の額は、免除された当時の保険料に一定の加算を行った額とされています。

　ただし、免除された月の属する年度の翌々年度以内に追納する場合（例えば令和4年度中に免除された保険料を令和6年度中に追納する場合）には加算が行われないことになっています。

＊3月は特別の扱いになっていて、例えば令和4年3月に免除された保険料を令和6年4月までに追納すれば加算が行われません。

　令和6年度に追納する令和5年度までに免除された全額免除（納付猶予制度および学生納付特例を含む）および一部免除の追納保険料の額は、次の表のとおりです。

●令和6年度の追納保険料額

免除された年度	追納保険料額			
	全額免除	4分の3免除	半額免除	4分の1免除
平成26年度	15,460円	11,600円	7,730円	3,860円
平成27年度	15,790円	11,840円	7,890円	3,950円
平成28年度	16,460円	12,340円	8,230円	4,110円
平成29年度	16,670円	12,510円	8,330円	4,170円
平成30年度	16,500円	12,370円	8,250円	4,120円
令和元年度	16,560円	12,420円	8,270円	4,140円
令和2年度	16,670円	12,500円	8,340円	4,160円
令和3年度	16,710円	12,530円	8,350円	4,170円
令和4年度	16,590円	12,440円	8,290円	4,150円
令和5年度	16,520円	12,390円	8,260円	4,130円

＊令和4年度以後の追納保険料には加算が行われていません。

■特定事由による保険料等の納付特例

　平成28年4月から、特定事由（法律で定められた正しい事務の処理が行われなかったり、その処理が著しく不当であることなどをいいます）により、国民年金の保険料の納付の機会を失った人などは、その旨を厚生労働大臣に申し出て承認されれば、事後的に保険料や付加保険料を納めたり、保険料の追納をすることができます。

＊この場合の保険料額、追納額などの詳細については、年金事務所などに問い合わせてください。

4. 厚生年金に加入する人

　厚生年金保険の適用を受ける事業所で働く70歳未満の人は、臨時に雇用される人などを除き、すべて厚生年金保険の被保険者となります。

■加入する人（被保険者）

　厚生年金保険では、適用事業所で働く人は臨時に雇用される人などを除き、すべて厚生年金保険の被保険者となります。強制適用を受けない事業所でも、従業員の半数以上の同意を得て認可を受ければ加入できます。

＊平成14年4月から、厚生年金保険の被保険者の年齢の上限が、65歳未満から70歳未満に延長されています。

＊法人の事業所は従業員数や業種にかかわらず、また、従業員5人以上の事業所は農林漁業などの一部業種を除き、すべて強制適用事業所となっています。なお、従業員5人未満の個人の事業所や農林漁業などの一部業種の個人の事業所は強制適用事業所の範囲から除かれています。

●高齢任意加入被保険者

　ただし、70歳になっても老齢基礎年金などの資格期間に足りない人で在職中の人は、申出によりその期間を満たすようになるまで厚生年金保険の加入を継続することができます（高齢任意加入被保険者といいます）。

■パートタイマーなどの厚生年金への加入

厚生年金保険の適用事業所に使用されていても、これまで、社会保険の適用から除かれていた労働時間が週30時間未満のパートタイマーなどの短時間労働者も、次の条件すべてを満たせば、厚生年金保険の被保険者となります。

① 週所定労働時間20時間以上
② 月額賃金8.8万円（年収106万円）以上
③ 勤務期間2カ月超
④ 従業員100人超の企業（従業員100人以下の企業も労使の合意があれば適用可。国・地方公共団体では規模にかかわらず適用）

＊学生は除かれます。
＊令和6年10月からは従業員50人超の企業に拡大されます。
※いわゆる「年収の壁」支援強化策の時限的な措置として、短時間労働者の適用拡大に伴う労働者の保険料負担を軽減するために臨時的かつ特例的に労働者に支給される「社会保険適用促進手当」は、社会保険適用に伴い新たに発生した本人負担分の保険料相当額を上限として、標準報酬月額の算定対象とはされないことになっています。

■被保険者の資格を取得する日と喪失する日

厚生年金保険の被保険者の資格は、厚生年金保険の適用事業所に使用されることになった日（就職した日）に取得します。

また、退職または死亡したときは退職または死亡した日の翌日に被保険者の資格を喪失し、70歳になったときは70歳の誕生日の前日に資格を喪失します。

●被保険者期間

厚生年金保険の被保険者期間は月を単位にして計算し、被保険者の資格を取得した月から喪失した月の前月までを何カ月として計算します。

資格を取得した日が月の初日でも末日でも、その月は1カ月とされます。一方、資格を喪失した日が月の初日でも末日でも、その月は被保険者期間に算入されません。

なお、被保険者の資格を取得した月と同じ月に資格を喪失した場合、その月は1カ月の被保険者期間とされます。また、同一月に資格の取得が2回以上ある場合は1カ月として計算されます。

■船員も厚生年金保険に加入

　5トン以上の船舶、30トン以上の漁船等に乗り組む船員は、第3種被保険者として厚生年金保険に加入することになっています。

＊昭和61年3月以前の船員保険の被保険者期間は、厚生年金保険の第3種被保険者（坑内員・船員）の期間とされています。

●第3種被保険者の被保険者期間の特例

　第3種被保険者（坑内員・船員）であった期間は、実際の加入期間を、昭和61年3月以前は3分の4倍、昭和61年4月から平成3年3月までは5分の6倍した期間が被保険者期間となります（平成3年4月以後は一般の被保険者と同じ扱いになります）。ただし、これらの期間は、老齢基礎年金の年金額の計算では実際の加入期間で計算されます。

5. 被用者年金制度の一元化

平成27年10月から、被用者年金制度が一元化され、厚生年金保険と3つの共済組合等に分かれていた制度が厚生年金保険に統一されました。

　共済組合等の加入者に平成27年10月以後に新たに支給される報酬比例の年金は厚生年金となりますが、厚生年金の支給の決定や支払いは、それまでと同様、日本年金機構または各共済組合等がそれぞれ行います。

■厚生年金保険の加入者の種別と実施機関

　被用者年金制度の一元化により、次のように厚生年金保険の被保険者の種別が区分されるとともに、その事務の区分に応じて、実施機関が定められています。

(1) 第1号厚生年金被保険者（民間企業に使用される厚生年金保険の被保険者）──実施機関は、厚生労働大臣（国）

(2) 第2号厚生年金被保険者（国家公務員共済組合の組合員）──実施機関は、国家公務員共済組合連合会および国家公務員共済組合

(3) 第3号厚生年金被保険者（地方公務員共済組合の組合員）──実施機関は、地方公務員共済組合連合会、全国市町村職員共済組合連合会および地方公務員共済組合

(4) 第4号厚生年金被保険者（私立学校教職員共済制度の加入者）──実施機関は、日本私立学校振興・共済事業団

●平成27年9月以前の被保険者期間は

　平成27年9月以前の厚生年金保険、各共済組合等の加入期間についても、原則として、前記の第1号から第4号までの種別の厚生年金保険の被保険者期

間とみなされます。

■複数の種別の厚生年金保険の期間があるとき

　共済組合等の加入者に平成27年10月以後に新たに支給される年金は厚生年金となりますが、厚生年金の支給の決定や支払いは、それまでと同様、日本年金機構または各共済組合等がそれぞれ行います。

　また、前頁の第1号から第4号までの複数の種別の厚生年金保険の期間がある人が、平成27年10月以後に受ける資格を得る厚生年金の支給の仕組みは、次のとおりとなります。

●老齢厚生年金と長期の遺族厚生年金

　老齢厚生年金および長期の遺族厚生年金（老齢厚生年金を受けている人または老齢厚生年金の資格期間を満たした人が死亡したときに支給される遺族厚生年金）は、各実施機関が支給の決定と支払いを行います。

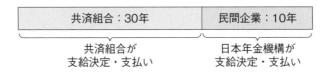

●障害厚生年金と短期の遺族厚生年金

　障害厚生年金・障害手当金および短期の遺族厚生年金（102頁を参照）は、初診日または死亡日に加入していた制度の実施機関が、他の実施機関での加入期間も含めて年金額を計算して、支給の決定と支払いを行います。

●繰下げ支給の老齢厚生年金

　老齢厚生年金について、66歳以後にいずれか1つの実施機関に繰下げ支給の申出をすれば、他の実施機関から支給される老齢厚生年金も繰下げ支給されます。

●在職老齢年金

　複数の実施機関から支給される老齢厚生年金を受けられる人が在職中（厚生

年金保険の被保険者）のときは、それぞれの被保険者期間ごとの年金額を合算して支給停止額の総額が決定され、その総額を各被保険者期間ごとの年金額に応じて按分した額が、それぞれの老齢厚生年金の支給停止額となります。

●老齢厚生年金の加給年金額

　老齢厚生年金（特別支給の老齢厚生年金を含めます）の加給年金額（51・63頁参照）には20年の資格期間を満たす必要がありますが、1つの種別の期間で20年の期間を満たせなくても、複数の種別の期間を合算して20年以上あれば資格期間を満たせます。ただし、加給年金額は、1つの年金にのみ加算されるため、次のルールが定められています。

(1)　次の順位で1つの年金に支給されます。

　①　一番長い期間の種別の年金に加算されます。

　②　期間の長さが同じときは、第1号から第4号までの種別の年金の順位になります。

　　　加給年金額の加算開始が早い年金があるときは、その早い年金が上記の①に優先されます。また、加算後の再就職などで期間の長さが逆転しても変更は行われません。

(2)　単独で20年の資格期間を満たせなかった在職者が、①退職時改定を受けるとき、②65歳になったとき、③65歳以後の在職定時改定（65頁参照）を受けるとき、④70歳になったとき、に改めて資格期間の判定が行われます。

●遺族厚生年金の中高齢の加算、経過的寡婦加算

　遺族厚生年金の中高齢の加算と経過的寡婦加算（104・105頁参照）は、長期の遺族厚生年金（老齢厚生年金を受けている人または老齢厚生年金の資格期間を満たした人が死亡したときに支給される遺族厚生年金）では、死亡した人が20年の資格期間を満たす必要がありますが、1つの種別の期間で20年の期間を満たせなくても、複数の種別の期間を合算して20年以上あれば資格期間を満たせます。

　ただし、これらの加算は、①一番長い期間の種別の年金、②期間の長さが同じときは、第1号から第4号までの種別の年金、の順位で1つの年金にのみ加算されます。

■ワンストップサービス

　平成27年10月以後の厚生年金保険の届書等は、一部を除いて、ワンストップサービスとして、前記のどの実施機関の窓口でも受け付けています（郵送も可能です）。

　なお、この場合の窓口は、日本年金機構（年金事務所）または各共済組合等の本部・支部となります。

　また、これまで必要とされていた年金加入期間確認通知書や、すでに年金を受けていたときに提出することになっていたその年金の年金証書等の提出が、原則、不要になっています。

＊平成27年9月以前に受ける資格を得た共済年金に関する請求書の受付けは、各共済組合等が行います。

＊老齢厚生年金を受けられる人に、受給年齢になる3カ月前に送られてくる、加入記録等をあらかじめ印字した年金請求書は、現在加入している実施機関または最後に加入していた実施機関から郵送されます。

●一元化後の年金事務所での年金相談

　共済組合等の加入期間がある人で、平成27年10月以後に厚生年金を受ける資格を得た人は、共済組合等のほか、年金事務所でも年金相談を行えます。また、年金事務所では、各共済組合等が管理する、各加入者・受給者に関する記録の一部を照会することができます。

　ただし、各共済組合等で管理する加入期間に関する調査の依頼や、各共済組合等から支給される年金の支給額の決定や改定についての詳細の照会などは、各加入者・受給者本人が直接、各共済組合等の窓口で行うことになります。

＊平成27年9月以前に受ける資格を得た共済年金に関する年金相談は年金事務所では行えず、共済組合等で行うことになります。

6. 厚生年金の保険料

厚生年金保険では、月収に加え、賞与についても、保険料と年金額に完全に反映させる「総報酬制」によって保険料が徴収されます。

■保険料率

厚生年金保険の保険料は、毎月の月収と賞与（ボーナス）に共通の保険料率をかけて計算されます。

この保険料率は平成16年10月から毎年引き上げられてきましたが、平成29年9月からは1000分の183とされて引き上げが完了しています。

＊保険料は、被保険者と事業主が折半で負担します。ただし、高齢任意加入被保険者で事業主の同意がない場合は、全額被保険者負担となります。

＊厚生年金基金加入者の保険料率は別に定められています。

＊坑内員・船員（第3種被保険者）の保険料率は、平成29年9月からは一般と同じ1000分の183になっています。

＊第2号から第4号までの共済組合等の被保険者の保険料率は上記より低いものとなっていますが、第2号・第3号の加入者については平成30年9月まで、第4号の加入者については令和9年4月まで引き上げが行われ、上記の1000分の183になります。

●月収からの保険料と標準報酬月額

月収からの保険料は毎月徴収され、**標準報酬月額**に上記の保険料率をかけて計算されます。

標準報酬月額とは、保険料の計算を分かりやすくするために設けられた仮の報酬で、加入者の実際の月収（残業手当や通勤手当などを含めた税引き前のもの）を6,000円から30,000円きざみの幅で32に区分したものです。

具体的な標準報酬月額は、第1級の88,000円（実際の月収が93,000円未満

の場合）から第32級の650,000円（実際の月収が635,000円以上の場合）まで
となっています（裏表紙参照）。

●標準報酬月額の決定

　標準報酬月額は、事業主が各被保険者について届け出た毎年4月から6月ま
での3カ月間の平均月収に基づいて9月から翌年の8月までの1年間のものが
決定されます（**定時決定**）。

　ただし、その間に引き続く3カ月間の平均月収が変動して現在の等級と2等
級以上の差が生じたときは、標準報酬月額の改定を受けることになっています
（**随時改定**）。

　なお、就職などによって厚生年金保険の被保険者となったときは、月給、週
給その他の報酬をもとにして計算した報酬月額に基づいて被保険者となった月
からの標準報酬月額が決められることになっています。

●賞与からの保険料と標準賞与額（上限は150万円）

　賞与からの保険料は賞与が支払われるたびに徴収され、**標準賞与額**に前記の
月収の場合と同じ保険料率をかけて計算されます。

　標準賞与額とは、実際の税引き前の賞与の額から1,000円未満の端数を切り
捨て、150万円を超えるときは150万円とされたものです。

　ただし、この場合の賞与は、労働の対価として受けるもののうち、3カ月を
超える期間ごとに支払われるものとされています。

■保険料の納め方

　保険料は、被保険者と事業主とが半分ずつ負担し、事業主が翌月の末日まで
に納めることになっています。

　なお、事業主は、被保険者が負担する分の保険料を被保険者に通知して、月
収分については翌月に支払われる給料から、賞与分についてはその賞与から、
それぞれ差し引くことができることになっています。

■育児休業等と産前産後休業期間中の保険料の免除

　法律による育児休業等をしている被保険者について、事業主が年金事務所へ
申し出れば、最長で子が3歳になるまで、被保険者負担分、事業主負担分とも
に保険料が免除されます。

また、平成26年4月から、産前産後休業をしている被保険者について、事業主が年金事務所へ申し出れば、被保険者、事業主ともに保険料が免除されます。

ただし、年金額の計算では、これらの免除期間は保険料を納めた期間として扱われることになります。

＊「産前産後休業期間」とは、産前6週間（多胎妊娠のときは14週間）、産後8週間のうち、就労しなかった期間です。

＊前頁の通常の随時改定とは別に、育児休業等または産前産後休業を終了した際に標準報酬月額が改定される仕組みが設けられています。

＊令和4年10月からは、育児休業を、育児休業開始月内に14日以上取得した場合、月末時点で復職していても、当月の保険料は免除されます。

■養育期間中の従前標準報酬月額の保障

法律による育児休業等または産前産後休業をしたか、しないかにかかわらず、子を養育している被保険者の標準報酬月額が養育前の標準報酬月額（**従前標準報酬月額**※）より低い場合、被保険者が年金事務所に申し出れば、子が3歳になるまでの期間について、年金額計算では従前標準報酬月額が保障されます。

※子の養育を開始した月の前月に厚生年金保険の被保険者でなかった場合、その月前1年以内の直近の被保険者であった月の標準報酬月額が「従前標準報酬月額」とされます（1年以内に被保険者期間がない場合、この制度が適用されません）。

＊申出の2年以上前の被保険者期間は従前標準報酬月額が保障されません。

なお、この保障期間は、次のいずれかに該当した日の翌日の属する月の前月までとなっています。

(1) 子が3歳になったとき
(2) 厚生年金保険の被保険者でなくなったとき
(3) 他の子についてこの保障を受けることになったとき
(4) 子の死亡などの原因で子を養育しなくなったとき
(5) 育児休業等期間中の保険料の免除を受けたとき
(6) 産前産後休業期間中の保険料の免除を受けたとき

老齢の給付

公的年金に加入して10年の資格期間を満たした人には、65歳から**老齢基礎年金**が支給されます。ただし、公的年金への加入の状況に応じて、年金の支給の形は次のとおりとなります。

(1) 国民年金のみに加入（第1号被保険者・第3号被保険者）していた人——65歳から**老齢基礎年金**のみが支給されます。

(2) 厚生年金保険に1カ月以上加入した人（国民年金の第1号・第3号被保険者の期間がある人を含みます）——65歳からの老齢基礎年金に上乗せして報酬比例の**老齢厚生年金**が支給されます。

(3) 厚生年金保険の加入期間が1年以上ある昭和36年（第1号厚生年金被保険者の女子は昭和41年）4月1日以前に生まれた人（国民年金の第1号・第3号被保険者の期間がある人を含みます）——生年月日に応じて60歳～64歳から、65歳になるまで、**特別支給の老齢厚生年金**が支給されます。

■老齢給付の請求先

　老齢基礎年金、老齢厚生年金などの請求は、年金制度への加入期間に応じて定められた次の場所に、日本年金機構からの**事前送付**された印字済みの**年金請求書**と、その請求書に指定された必要な添付書類を提出して行うことになります。

　なお、事前送付された年金請求書がないときは、市区役所・町村役場や年金事務所に備え付けの年金請求書に必要事項を自分で記入して提出することになります。

老齢基礎

年金を受けようとする人	手続きを行う場所（書類の提出先）
国民年金の第1号被保険者のみの加入期間の人	住所地の市区役所・町村役場
国民年金の第1号被保険者または第3号被保険者のみの加入期間の人	住所地を管轄する年金事務所
国民年金（第1号・第3号被保険者）と、厚生年金保険または共済組合の加入期間がある人	厚生年金保険の加入期間がある人は最後に勤めた事業所（厚生年金保険に加入中の人は現在勤めている事業所）を管轄する年金事務所。その他の人は住所地を管轄する年金事務所

＊年金請求書は、上記に指定された以外のどこの年金事務所でも受理されますが、その場合、支給決定に要する時間が多少長くなります。

＊国民年金の任意加入者は第1号被保険者に含まれます。

1. 老齢基礎年金

老齢基礎年金は、保険料を10年以上（免除期間を含む）納めた人が65歳になったときから支給されます。

■資格期間は10年が原則

老齢基礎年金を受けるには、原則として10年の資格期間が必要です。資格期間は昭和36年4月（国民年金が発足した月）から数えるのが原則ですが、それには次のような期間があります。なお、平成29年8月からは、25年の資格期間が10年に短縮されています。

(1) 国民年金の保険料を納めた期間（任意加入で納めた期間も含みます）

(2) 国民年金の保険料免除または猶予を受けた期間（平成14年4月からの半額免除された期間および平成18年7月からの4分の1免除または4分の3免除された期間を含みます）

(3) 昭和61年4月からの国民年金の第2号被保険者期間（7頁参照）

(4) 昭和61年4月からの国民年金の第3号被保険者期間（7頁参照）

(5) 昭和36年4月から昭和61年3月までの厚生年金保険等（厚生年金保険・船員保険・共済組合）の加入期間（昭和36年4月以後に公的年金の加入期間がある場合は、昭和36年4月前の加入期間も含まれます）

＊厚生年金保険の第3種被保険者（坑内員・船員）の期間については20頁参照。

●10年の納付では年金額は40分の10に

ところで、「老齢基礎年金は10年加入すればいい」と考えてしまう人がいるかもしれませんが、「10年」は、老齢基礎年金を受けるのに必要な最短の期間です。10年間の保険料の納付で受けられる老齢基礎年金の額は、満額の816,000円の40分の10の204,000円となります（新規裁定者である67歳以下の人および昭和31年度生まれの既裁定者）ので、くれぐれも注意が必要です。

■10年に足りないときのカラ期間（合算対象期間）

　前記の10年の老齢基礎年金の資格期間には、公的年金制度に加入して保険料を納めたり、免除された期間のほか、年金制度に任意加入できたのに任意加入しなかった期間などの**カラ期間**（合算対象期間）も含まれます。

　ただし、この期間は、老齢基礎年金の10年の資格期間に算入されますが、年金額には反映されない、「実」のない期間のため、通称「カラ期間」と呼ばれています。このカラ期間の主なものは、次の6つとなっています。

(1) 昭和36年4月から昭和61年3月までに厚生年金保険等の加入者の20歳以上60歳未満の配偶者が国民年金に任意加入しなかった期間

(2) 昭和36年4月から平成3年3月までに国民年金に任意加入しなかった20歳以上60歳未満の学生の期間

(3) 厚生年金保険、船員保険から脱退手当金を受けた期間で、昭和36年4月以後の期間（昭和61年4月以後に国民年金の加入期間がある場合に限ります）

(4) 昭和36年4月以後の20歳以上60歳未満の日本人の海外在住期間

(5) 日本国籍を取得した人または永住許可を受けた人などの昭和36年4月から日本国籍を取得した日などの前日までの20歳以上60歳未満の海外在住期間

(6) 国民年金の任意加入者の保険料未納期間のうち20歳以上60歳未満の期間

●カラ期間を生かすためには

　「老齢基礎年金を受けるための10年にあとわずか○年足りない」という場合があるかもしれません。ここで大切なのがカラ期間（合算対象期間）です。

　日本年金機構では、年金制度への加入記録を保管しています。しかし、すべての国内在住者の膨大な量の未加入期間であるカラ期間を把握することは不可能なため、カラ期間は、原則として、本人の申出に基づいて調査されます。

　そのため、年金の加入期間が10年未満で、老齢基礎年金の資格期間を満たせない人で、カラ期間となる可能性のある期間をもっていると思われる人は、市区役所・町村役場または年金事務所にその旨を申し出る必要があります。

　なお、このカラ期間は、障害基礎年金、遺族基礎年金の保険料納付要件の「国民年金に加入しなければならない期間（87・98頁参照）」から除かれることになり、そこでも重要な意味をもつことになるので、注意が必要です。

●納付猶予制度と学生納付特例

　14・15頁の**納付猶予制度**と**学生納付特例**によって保険料を猶予された期間に

ついて保険料を追納しなかった場合、これらの期間も、老齢基礎年金の資格期間に算入されますが、年金額には反映されない**カラ期間**となります。

■資格期間の短縮

　平成29年7月までは老齢基礎年金の資格期間は25年とされていたため、この25年の資格期間を満たせない人には、資格期間を15年から24年に短縮する次のような特例が設けられていました。しかしながら、資格期間が25年から10年となったため、これらの特例のうちいくつかのものは適用する必要がなくなったものもあります（例えば下の①）。

❶国民年金を含めた期間の特例（平成29年7月まで）

　昭和5年4月1日以前に生まれた人が、国民年金を含めた公的年金制度において、保険料を納めた期間と免除された期間が生年月日に応じて右の表の期間以上あること。

生年月日	期間
大正15年4月2日〜昭和2年4月1日	21年
昭和2年4月2日〜昭和3年4月1日	22年
昭和3年4月2日〜昭和4年4月1日	23年
昭和4年4月2日〜昭和5年4月1日	24年

＊この①の特例は、平成29年8月以後は遺族基礎年金・遺族厚生年金の資格期間の短縮の特例として有効。

❷厚生年金保険の中高齢の特例

　昭和26年4月1日以前に生まれた人は、40歳（女子と坑内員・船員は35歳）以後の厚生年金保険の被保険者期間が、生年月日に応じて右の表の期間以上あること。

生年月日	期間
昭和22年4月1日以前	15年
昭和22年4月2日〜昭和23年4月1日	16年
昭和23年4月2日〜昭和24年4月1日	17年
昭和24年4月2日〜昭和25年4月1日	18年
昭和25年4月2日〜昭和26年4月1日	19年

❸厚生年金保険・共済組合の加入期間の特例

　昭和31年4月1日以前に生まれた人は、厚生年金保険および共済組合の加入期間を合算した期間が、生年月日に応じて右の表の期間以上あること。

生年月日	期間
昭和27年4月1日以前	20年
昭和27年4月2日〜昭和28年4月1日	21年
昭和28年4月2日〜昭和29年4月1日	22年
昭和29年4月2日〜昭和30年4月1日	23年
昭和30年4月2日〜昭和31年4月1日	24年

年金額

老齢基礎年金の額は816,000円・月額68,000円（既裁定者は813,700円・月額67,808円、昭和31年度生まれは816,000円・月額68,000円）です。

■老齢基礎年金は満額で月68,000円

老齢基礎年金の額は、816,000円・月額68,000円（昭和32年4月2日以後生まれの新規裁定者の額。既裁定者は813,700円・月額67,808円、ただし昭和31年度生まれの既裁定者は816,000円・月額68,000円）です。これは、20歳から60歳に達するまでの40年間に国民年金の保険料をすべて納めた場合に月額68,000円（既裁定者は67,808円）の老齢基礎年金が支給されるという考え方です。保険料を納めた期間が40年に不足する場合は、その不足する期間に応じて年金額が減額されます。

保険料を納めた期間とは、次のような期間をいいます。

(1) 国民年金の保険料を納めた期間（任意加入で納めた期間も含みます）

(2) 昭和61年4月からの第2号被保険者期間（20歳以上60歳未満の期間）

(3) 昭和61年4月からの第3号被保険者期間

(4) 昭和36年4月から昭和61年3月までの厚生年金保険、船員保険、共済組合の加入期間（脱退手当金を受けた期間を除く20歳以上60歳未満の期間）

＊上記の(2)と(4)で、厚生年金保険などの被用者年金制度の20歳未満および60歳以上の加入期間は、老齢基礎年金の計算では「保険料を納めた期間」とはされませんが、47頁の定額部分および64頁の経過的加算の式には算入されることになります。

■加入可能年数

国民年金が発足した昭和36年4月1日に20歳以上になっていた人は、60歳になるまで40年間国民年金に加入することができません。

そこで、次の表のように生年月日に応じた**加入可能年数**が設けられていて、満額の816,000円（既裁定者は813,700円、ただし昭和31年度生まれの既裁定者は816,000円。次頁の計算式も同じ）の老齢基礎年金は、25年～40年の加

入可能年数いっぱいに保険料を納めた人にだけ支給されることになります。

$$816{,}000円 \times \frac{\left(\begin{array}{c}保\,険\,料\,を\\納\ め\ た\\月\ \ \ \ 数\end{array}\right) + \left(\begin{array}{c}保\,険\,料\,を\\免除された\\月\ \ \ \ 数\end{array}\right) \times \left(\begin{array}{c}免除の種類に応じて\\ \frac{7}{8} \sim \frac{1}{2}\end{array}\right)}{(加入可能年数) \times 12}$$

生　年　月　日	加入可能年数
大正15年4月2日～昭和2年4月1日	25年
昭和2年4月2日～昭和3年4月1日	26年
昭和3年4月2日～昭和4年4月1日	27年
昭和4年4月2日～昭和5年4月1日	28年
昭和5年4月2日～昭和6年4月1日	29年
昭和6年4月2日～昭和7年4月1日	30年
昭和7年4月2日～昭和8年4月1日	31年
昭和8年4月2日～昭和9年4月1日	32年
昭和9年4月2日～昭和10年4月1日	33年
昭和10年4月2日～昭和11年4月1日	34年
昭和11年4月2日～昭和12年4月1日	35年
昭和12年4月2日～昭和13年4月1日	36年
昭和13年4月2日～昭和14年4月1日	37年
昭和14年4月2日～昭和15年4月1日	38年
昭和15年4月2日～昭和16年4月1日	39年
昭和16年4月2日以後	40年

●保険料免除期間

　老齢基礎年金は、保険料を免除された期間がある場合、その免除の種類に応じて減額されます。なお、平成21年度から、国庫負担の割合が3分の1から2分の1に引き上げられたため、平成20年度までに免除された期間については、3分の1の国庫負担で年金額が計算されます。

　その結果、免除された期間は、保険料を納めた期間の1に対して、次の割合で年金額が計算されます。ただし、（　）内の数字は平成20年度までの免除された期間についての割合となっています。

・4分の1免除期間──8分の7（6分の5）
・半額免除期間───4分の3（3分の2）
・4分の3免除期間──8分の5（2分の1）
・全額免除期間───2分の1（3分の1）

●納付猶予制度と学生納付特例

　14・15頁の納付猶予制度と学生納付特例によって保険料を猶予された期間について保険料を追納しなかった場合、これらの期間は、老齢基礎年金の資格期間には算入されますが、年金額には反映されない**カラ期間**となります。

●付加年金

　ふつうの保険料のほか、月額400円の**付加保険料**を納めた人には、老齢基礎年金に加えて、次の式で計算した**付加年金**が支給されます。

200円×付加保険料納付月数

　つまり、例えば、付加保険料を2年（24月）間納めたときの総保険料額の9,600円（＝400円×24月）に対して、付加年金は年額4,800円（＝200円×24月）となるわけです。

＊付加保険料は、国民年金の任意加入者も納めることができますが、国民年金基金の加入員や保険料の免除や猶予を受けている人は納めることができません。

＊付加保険料についても口座振替ができ、また、前納割引制度も設けられています。

＊付加年金には賃金や物価に対応したスライドが適用されません。

■繰上げ支給

　老齢基礎年金は65歳から支給されますが、希望すれば、60歳から65歳になるまでの間に**繰上げ支給の老齢基礎年金**を請求することができます。

　ただし、繰上げ支給の老齢基礎年金の支給額は、請求時の月単位の年齢に応じて次の**減額率**の式によって減額された額となります。

減額率＝0.4％×繰上げ請求月から65歳になる月の前月までの月数

＊0.4％の減額率は、昭和37年4月1日以前生まれの人については0.5％となります。

　例えば、昭和39年4月2日生まれで満額の816,000円の老齢基礎年金を受けられる人の場合、60歳0カ月で繰上げ請求すると、60歳0カ月から65歳になる月の前月までは60月あるため、減額率は24.0％、支給額は620,160円（月額51,680円）となります。

＊60歳になる日は60歳の誕生日の前日とされていますので、例えば、昭和39年4月2日〜同年5月1日生まれの人の場合、令和6年4月中に繰上げ支給の請求をすれば

請求時の年齢は60歳0カ月とされ、令和6年5月中に請求をすれば請求時の年齢は60歳1カ月とされます。

＊39頁の振替加算については、老齢基礎年金の繰上げ支給を受けても減額されません。ただし、振替加算は配偶者が65歳になったときから加算されます。

＊昭和16年4月2日以後生まれの人は、特別支給の老齢厚生年金と繰上げ支給の老齢基礎年金を同時に受けられます。

●請求時の年齢に応じた減額率

請求時の年齢	請求月から65歳になる月の前月までの月数	減額率 1月0.4%	減額率 1月0.5%
60歳0カ月～60歳11カ月	60月～49月	24.0%～19.6%	30.0%～24.5%
61歳0カ月～61歳11カ月	48月～37月	19.2%～14.8%	24.0%～18.5%
62歳0カ月～62歳11カ月	36月～25月	14.4%～10.0%	18.0%～12.5%
63歳0カ月～63歳11カ月	24月～13月	9.6%～ 5.2%	12.0%～ 6.5%
64歳0カ月～64歳11カ月	12月～ 1月	4.8%～ 0.4%	6.0%～ 0.5%

●繰上げ支給には注意が必要です

　一度決められた減額率は、受給者の一生をとおして変更が認められません。なお、繰上げ支給を受けた後は障害基礎年金を受けられません。また、国民年金の任意加入者は繰上げ支給の老齢基礎年金を請求できません。

■繰下げ支給

　繰上げ支給とは反対に、66歳になるまで老齢基礎年金を請求しなかった人が66歳以後に申出をすれば、申出時の月単位の年齢に応じて次の**増額率**の式によって増額された**繰下げ支給の老齢基礎年金**が支給されます。

　　増額率＝0.7%×65歳になった月から繰下げ申出月の前月までの月数

＊前記の0.7%にかける月数は、120カ月（昭和27年4月1日以前生まれの人は60カ月）が上限になっています。

　例えば、満額の816,000円（既裁定者の場合は813,700円、ただし昭和31年度生まれは816,000円）の老齢基礎年金を受けられる場合、66歳0カ月で繰下げの申出をすると、65歳になった月から66歳になる月の前月まで12月あるため、増額率は8.4%、支給額は884,544円・月額73,712円となります。

●申出時の年齢に応じた増額率

申出時の年齢	65歳になった月から 申出月の前月までの月数	増額率
66歳0カ月〜66歳11カ月	12月〜23月	8.4%〜16.1%
67歳0カ月〜67歳11カ月	24月〜35月	16.8%〜24.5%
68歳0カ月〜68歳11カ月	36月〜47月	25.2%〜32.9%
69歳0カ月〜69歳11カ月	48月〜59月	33.6%〜41.3%
70歳0カ月〜70歳11カ月	60月〜71月	42.0%〜49.7%
71歳0カ月〜71歳11カ月	72月〜83月	50.4%〜58.1%
72歳0カ月〜72歳11カ月	84月〜95月	58.8%〜66.5%
73歳0カ月〜73歳11カ月	96月〜107月	67.2%〜74.9%
74歳0カ月〜74歳11カ月	108月〜119月	75.6%〜83.3%
75歳0カ月〜	120月	84.0%

＊70歳1カ月以後の増額率が適用されるのは、令和4年4月1日以後に70歳になる人（昭和27年4月2日以後生まれの人）または令和4年4月1日以後に受給権取得日から起算して5年を経過する人（平成29年4月1日以後に受給権を取得した人）です。

＊66歳になる日は66歳の誕生日の前日とされていますので、例えば、昭和33年4月2日〜同年5月1日生まれの人の場合、令和6年4月中に繰下げ支給の申出をすれば申出時の年齢は66歳0カ月とされ、令和6年5月中に申出をすれば申出時の年齢は66歳1カ月とされます。

＊65歳を過ぎてから老齢基礎年金の資格期間を満たした人は、資格期間を満たした月から1年が過ぎた月以後に申出をすれば繰下げ支給の老齢基礎年金を受けられます。その場合の増額率は、老齢基礎年金の資格期間を満たした月から繰下げ支給の申出を行う月の前月までの月数に応じて決定されます（例えば、66歳0カ月で老齢基礎年金の資格期間を満たした人が67歳0カ月で繰下げ支給の申出をした場合、前記の老齢基礎年金の増額率の計算式にかける月数は12カ月となります）。

●特別支給の老齢厚生年金を受けた人は

65歳になるまでに特別支給の老齢厚生年金を受けた人も、66歳になるまでに老齢基礎年金の支給を請求しなかった場合、申出をすれば、繰下げ支給の老齢基礎年金を受けられます。

●繰下げ支給の注意事項

（1）一度決められた増額率は、受給者の一生をとおして変更は認められません。

老齢基礎

(2) 66歳になる前に障害・遺族年金の受給権者になった人は繰下げ支給の申出を行うことはできませんが、平成17年4月以後に66歳以上でこれらの年金の受給権者になった場合、これらの年金の受給権者になった日に繰下げ支給の申出をしたとみなされます（この場合、受給権者が選択すれば65歳にさかのぼって本来の老齢基礎年金を請求することもできます）。

(3) 平成26年4月から、70歳になった日後に繰下げ支給の申出をした場合、70歳になった日に繰下げ支給の申出をしたとみなされます（昭和27年4月1日以前生まれの人または平成29年3月31日以前に受給権を取得した人）。

(4) 平成26年4月前に70歳になった人（昭和19年4月1日以前に生まれた人）が平成26年4月以後に申出をした場合、同月1日に申出をしたとみなされます。

(5) 令和4年4月から、繰下げ支給の上限年齢が引き上げられ、令和4年4月以後に70歳になる人（昭和27年4月2日以後生まれの人または平成29年4月1日以後に受給権を取得した人）は、繰下げ支給の上限年齢は75歳になった日または受給権取得日から10年を経過した日となります。

(6) 繰下げ支給の上限年齢の引き上げに伴って、令和4年4月以後に70歳になる人（昭和27年4月2日以後生まれの人または平成29年4月1日以後に受給権を取得した人）が、75歳になった日または受給権取得日から10年を経過した日後に繰下げ支給の申出を行った場合、75歳になった日または受給権取得日から10年を経過した日に繰下げ支給の申出があったものとみなされます。

(7) 令和5年4月からは、70歳になった日後または受給権を取得した日から起算して5年を経過した日後に年金を請求し、請求時点で支給の繰下げを選択していなかった場合には、請求の5年前に支給の繰下げの申出があったものとみなされて年金が支給されます**（特例的な繰下げみなし増額制度）**。ただし、請求日が、80歳になった日以後または受給権を取得した日から起算して15年を経過した日以後にある場合には、このみなし増額制度は適用されません。なお、このみなし増額制度の対象となるのは、昭和27年4月2日以後生まれの人または平成29年4月1日以後に受給権を取得した人です。

(8) 39頁の振替加算については、老齢基礎年金の繰下げ支給を受けても増額されません。

2. 被扶養配偶者の振替加算

老齢厚生年金を受ける人の被扶養配偶者で、昭和41年4月1日以前生まれの人が受ける老齢基礎年金には、振替加算が行われます。

昭和61年4月1日以後は、第2号被保険者の被扶養配偶者もすべて国民年金に加入しますので、65歳から自分名義の老齢基礎年金が受けられます。

しかし、60歳近い人で、国民年金に任意加入しなかった人の老齢基礎年金は低額となりますので、こういう人のために振替加算という制度が設けられています。

●老齢厚生年金の加給年金額を振替加算

振替加算というのは、51・63頁の老齢厚生年金または95頁の1級・2級の障害厚生年金の配偶者加給年金額の対象となっていた人が、65歳になって老齢基礎年金を受けられるようになったときにつく加算です。具体的には、大正15年4月2日から昭和2年4月1日までの間に生まれた被扶養配偶者に234,100円（月額19,508円）が加算され、以後年齢に応じて減額されることになります。この加算は、被扶養配偶者が65歳になった時点で打ち切られる老齢厚生年金

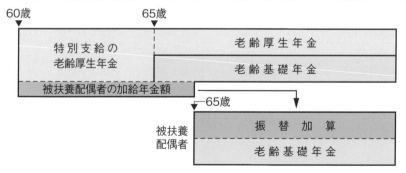

の加給年金額が、被扶養配偶者自身の老齢基礎年金への加算に振り替わること
から「振替加算」と呼ばれます。この振替加算と、被扶養配偶者自身の公的年
金加入期間に基づく老齢基礎年金の額とを足したものが被扶養配偶者名義の老
齢基礎年金として支給されることになります。

●加給年金額と振替加算の関係

　振替加算が行われるのは、老齢厚生年金の場合、昭和61年4月1日に夫婦とも
もに60歳未満の人に限られます。昭和61年4月1日に夫婦いずれかが60歳以
上となっているか、夫婦とも60歳以上になっている場合は、振替加算は行わ
れず、加給年金額が引き続き支給されます。

●被扶養配偶者の振替加算額

生年月日	加算額	生年月日	加算額
大15年4月2日～昭2年4月1日	234,100円	昭21年4月2日～昭22年4月1日	109,325円
昭2年4月2日～昭3年4月1日	227,779円	昭22年4月2日～昭23年4月1日	103,004円
昭3年4月2日～昭4年4月1日	221,693円	昭23年4月2日～昭24年4月1日	96,683円
昭4年4月2日～昭5年4月1日	215,372円	昭24年4月2日～昭25年4月1日	90,597円
昭5年4月2日～昭6年4月1日	209,051円	昭25年4月2日～昭26年4月1日	84,276円
昭6年4月2日～昭7年4月1日	202,965円	昭26年4月2日～昭27年4月1日	77,955円
昭7年4月2日～昭8年4月1日	196,644円	昭27年4月2日～昭28年4月1日	71,869円
昭8年4月2日～昭9年4月1日	190,323円	昭28年4月2日～昭29年4月1日	65,548円
昭9年4月2日～昭10年4月1日	184,237円	昭29年4月2日～昭30年4月1日	59,227円
昭10年4月2日～昭11年4月1日	177,916円	昭30年4月2日～昭31年4月1日	53,141円
昭11年4月2日～昭12年4月1日	171,595円	昭31年4月2日～昭32年4月1日	46,960円
昭12年4月2日～昭13年4月1日	165,509円	昭32年4月2日～昭33年4月1日	40,620円
昭13年4月2日～昭14年4月1日	159,188円	昭33年4月2日～昭34年4月1日	34,516円
昭14年4月2日～昭15年4月1日	152,867円	昭34年4月2日～昭35年4月1日	28,176円
昭15年4月2日～昭16年4月1日	146,781円	昭35年4月2日～昭36年4月1日	21,836円
昭16年4月2日～昭17年4月1日	140,460円	昭36年4月2日～昭37年4月1日	15,732円
昭17年4月2日～昭18年4月1日	134,139円	昭37年4月2日～昭38年4月1日	15,732円
昭18年4月2日～昭19年4月1日	128,053円	昭38年4月2日～昭39年4月1日	15,732円
昭19年4月2日～昭20年4月1日	121,732円	昭39年4月2日～昭40年4月1日	15,732円
昭20年4月2日～昭21年4月1日	115,411円	昭40年4月2日～昭41年4月1日	15,732円

■老齢基礎年金の年金額計算例

①保険料未納期間のある人の年金額〈昭和34年4月10日生まれで、保険料未納期間が6年ある自営業者の場合〉

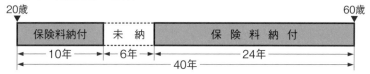

保険料納付済期間（10年＋24年＝34年）が、33頁の加入可能年数（40年）に満たないので、次の式で計算されます。

○老齢基礎年金額＝816,000円×$\dfrac{34年×12}{40年×12}$＝693,600円（月額57,800円）

②厚生年金保険の加入期間がある人の年金額〈昭和34年4月2日生まれで、昭和36年4月以後に厚生年金保険に8年加入、保険料未納期間が8年ある自営業者の場合〉

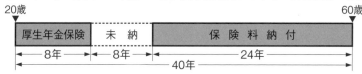

昭和36年4月以後の厚生年金保険の被保険者期間は、国民年金の保険料納付済期間とされますので、保険料納付済期間は8年＋24年＝32年になります。

○老齢基礎年金額＝816,000円×$\dfrac{32年×12}{40年×12}$＝652,800円（月額54,400円）

＊別に厚生年金保険から8年分の老齢厚生年金が受けられます。

③昭和61年4月前に任意加入期間がある人の年金額〈昭和34年4月2日生まれで、国民年金に5年間任意加入した被扶養配偶者の場合〉

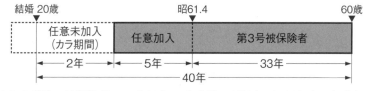

厚生年金保険の被保険者の20歳以上60歳未満の配偶者が国民年金に任意加入しなかった昭和36年4月から昭和61年3月までの期間はカラ期間として老齢基礎年金の資格期間に算入されます。また、保険料納付済期間は、任意加入の5年と昭和61年4月以後の第3号被保険者の33年を合計して38年になります。

○老齢基礎年金額＝816,000円×$\dfrac{38年×12}{40年×12}$＝775,200円（月額64,600円）

＊配偶者加給年金額の対象者だった場合は振替加算（28,176円）がつきます。

3. 特別支給の老齢厚生年金

次の３つの条件を満たした人
には、特別支給の老齢厚生年金
が支給されます。
(1) 老齢基礎年金の資格期間を
　満たしていること
(2) 厚生年金保険の加入期間が
　１年以上あること
(3) 昭和36年（女子は昭和41
　年）４月１日以前に生まれて
　いること

＊女子とは――ここでの女子は、第１号厚生年金被保険者（共済制度加入者
　以外の厚生年金保険の被保険者）の女子に限られます。

■定額部分と報酬比例部分

　特別支給の老齢厚生年金には、報酬比例部分に定額部分（と加給年金額）を
加えたもの（以下で「定額部分付き」と呼びます）と報酬比例部分のみのもの
の２つがあります。

　このうち、次の図のように60歳から65歳になるまで、報酬比例部分に定額
部分（と加給年金額）を加えた特別支給の老齢厚生年金が支給されるのは昭和
16年（女子は昭和21年）４月１日以前に生まれた人に限られ、それ以後に生ま
れた人については、次頁のように支給の形が改められます。

60歳		65歳	
特別支給の老齢厚生年金 （定額部分＋報酬比例部分）		老 齢 厚 生 年 金	
		老 齢 基 礎 年 金	

●支給の形の変更

　特別支給の老齢厚生年金の支給の形は、国民の老後生活に与える影響をできるだけ少なくするために21年の長い歳月をかけて、徐々に変更されます。

　まず、昭和16年4月2日〜昭和24年4月1日（女子は昭和21年4月2日〜昭和29年4月1日）生まれの人には、定額部分を加えた老齢厚生年金が生年月日に応じて61歳〜64歳から65歳になるまで支給され、60歳からそれまでの間は報酬比例部分のみの老齢厚生年金が支給されます。

男子の生年月日	女子の生年月日	特例支給開始年齢
昭16年4月2日〜昭18年4月1日	昭21年4月2日〜昭23年4月1日	61歳
昭18年4月2日〜昭20年4月1日	昭23年4月2日〜昭25年4月1日	62歳
昭20年4月2日〜昭22年4月1日	昭25年4月2日〜昭27年4月1日	63歳
昭22年4月2日〜昭24年4月1日	昭27年4月2日〜昭29年4月1日	64歳

　次に、昭和24年4月2日〜昭和28年4月1日（女子は昭和29年4月2日〜昭和33年4月1日）生まれの人には、定額部分が支給されることはありませんが、60歳から65歳になるまで、報酬比例部分のみの老齢厚生年金が支給されます。

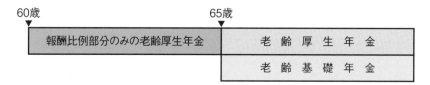

　さらに、昭和28年4月2日〜昭和36年4月1日（女子は昭和33年4月2日〜昭和41年4月1日）生まれの人には、報酬比例部分のみの老齢厚生年金が生年月日に応じて61歳〜64歳から65歳になるまで支給され、昭和36年（女子は昭和41年）4月2日以後に生まれた人には、65歳になるまで年金が支給されません。

男子の生年月日	女子の生年月日	報酬比例部分支給開始年齢
昭24年4月2日～昭28年4月1日	昭29年4月2日～昭33年4月1日	60歳
昭28年4月2日～昭30年4月1日	昭33年4月2日～昭35年4月1日	61歳
昭30年4月2日～昭32年4月1日	昭35年4月2日～昭37年4月1日	62歳
昭32年4月2日～昭34年4月1日	昭37年4月2日～昭39年4月1日	63歳
昭34年4月2日～昭36年4月1日	昭39年4月2日～昭41年4月1日	64歳

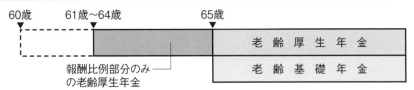

●障害者・長期加入者の特例

　昭和16年4月2日～昭和36年4月1日（女子は昭和21年4月2日～昭和41年4月1日）生まれの人に支給される特別支給の老齢厚生年金の額は、その受給権者が次のいずれかに該当して被保険者でない場合、定額部分を加えた額となります。

(1)　3級以上の障害の状態にある場合

(2)　厚生年金保険の被保険者期間が44年以上ある場合

＊(1)の特例を受けるためには本人の請求が必要ですが、法律改正により、平成26年4月以後の障害の状態にあると判断される日にさかのぼって本人がその請求をしたとみなされます。

●坑内員・船員の特例

　坑内員・船員としての実際の加入期間が15年以上ある場合、55歳から定額部分付きの老齢厚生年金が支給されてきました。この支給開始年齢が、昭和21年4月2日以後に生まれた人から生年月日に応じて引き上げられ、昭和39年4月2日から昭和41年4月1日までに生まれた人は64歳となり、昭和41年4月2日以後に生まれた人には特別支給の老齢厚生年金が支給されません。

●繰上げ支給の老齢基礎年金・老齢厚生年金

　昭和16年（女子は昭和21年）4月2日以後に生まれた人から特別支給の老齢厚生年金の支給の形が変更されますが、これらの人は57頁のように繰上げ支給の老齢基礎年金を60歳以後の希望するときから受けることができます。

また、昭和28年（女子は昭和33年）4月2日以後に生まれた人は、60歳以後の希望するときから繰上げ支給の老齢基礎年金・老齢厚生年金を受けることができます。

●生年月日に応じた特別支給の老齢厚生年金の支給の形

生年月日 ＼ 支給開始年齢	男子					女子					坑内員・船員									
	60歳	61歳	62歳	63歳	64歳	60歳	61歳	62歳	63歳	64歳	55歳	56歳	57歳	58歳	59歳	60歳	61歳	62歳	63歳	64歳
大正15年4月2日～昭和16年4月1日	◎	◎	◎	◎	◎	◎	◎	◎	◎	◎	◎	◎	◎	◎	◎	◎	◎	◎	◎	◎
昭和16年4月2日～昭和17年4月1日	○	◎	◎	◎	◎	◎	◎	◎	◎	◎	◎	◎	◎	◎	◎	◎	◎	◎	◎	◎
昭和17年4月2日～昭和18年4月1日	○	◎	◎	◎	◎	◎	◎	◎	◎	◎	◎	◎	◎	◎	◎	◎	◎	◎	◎	◎
昭和18年4月2日～昭和19年4月1日	○	○	◎	◎	◎	◎	◎	◎	◎	◎	◎	◎	◎	◎	◎	◎	◎	◎	◎	◎
昭和19年4月2日～昭和20年4月1日	○	○	◎	◎	◎	◎	◎	◎	◎	◎	◎	◎	◎	◎	◎	◎	◎	◎	◎	◎
昭和20年4月2日～昭和21年4月1日	○	○	○	◎	◎	◎	◎	◎	◎	◎	◎	◎	◎	◎	◎	◎	◎	◎	◎	◎
昭和21年4月2日～昭和22年4月1日	○	○	○	◎	◎	○	◎	◎	◎	◎	○	◎	◎	◎	◎	◎	◎	◎	◎	◎
昭和22年4月2日～昭和23年4月1日	○	○	○	○	◎	○	◎	◎	◎	◎	○	◎	◎	◎	◎	◎	◎	◎	◎	◎
昭和23年4月2日～昭和24年4月1日	○	○	○	○	◎	○	○	◎	◎	◎	○	○	◎	◎	◎	◎	◎	◎	◎	◎
昭和24年4月2日～昭和25年4月1日	○	○	○	○	○	○	○	◎	◎	◎	○	○	◎	◎	◎	◎	◎	◎	◎	◎
昭和25年4月2日～昭和26年4月1日	○	○	○	○	○	○	○	○	◎	◎	○	○	○	◎	◎	◎	◎	◎	◎	◎
昭和26年4月2日～昭和27年4月1日	○	○	○	○	○	○	○	○	◎	◎	○	○	○	◎	◎	◎	◎	◎	◎	◎
昭和27年4月2日～昭和28年4月1日	○	○	○	○	○	○	○	○	○	◎	○	○	○	○	◎	◎	◎	◎	◎	◎
昭和28年4月2日～昭和29年4月1日		○	○	○	○	○	○	○	○	◎	○	○	○	○	◎	◎	◎	◎	◎	◎
昭和29年4月2日～昭和30年4月1日		○	○	○	○	○	○	○	○	○	○	○	○	○	○	○	○	○	○	○
昭和30年4月2日～昭和31年4月1日			○	○	○	○	○	○	○	○	○	○	○	○	○	○	○	○	○	○
昭和31年4月2日～昭和32年4月1日			○	○	○	○	○	○	○	○	○	○	○	○	○	○	○	○	○	○
昭和32年4月2日～昭和33年4月1日				○	○	○	○	○	○	○	○	○	○	○	○	○	○	○	○	○
昭和33年4月2日～昭和34年4月1日				○	○		○	○	○	○		○	○	○	○	○	○	○	○	○
昭和34年4月2日～昭和35年4月1日					○		○	○	○	○		○	○	○	○	○	○	○	○	○
昭和35年4月2日～昭和36年4月1日					○			○	○	○			○	○	○	○	○	○	○	○
昭和36年4月2日～昭和37年4月1日								○	○	○			○	○	○	○	○	○	○	○
昭和37年4月2日～昭和38年4月1日									○	○				○	○	○	○	○	○	○
昭和38年4月2日～昭和39年4月1日									○	○				○	○	○	○	○	○	○
昭和39年4月2日～昭和40年4月1日										○					○	○	○	○	○	○
昭和40年4月2日～昭和41年4月1日										○					○	○	○	○	○	○
昭和41年4月2日以後																				

＊◎は定額部分付きの老齢厚生年金（報酬比例部分＋定額部分）、○は報酬比例部分のみの老齢厚生年金です。

＊障害者・長期加入者の特例に該当する場合は、男子・女子のそれぞれについて、○を◎に読み替えます。

年金額

定額部分を加えた老齢厚生年金の額は、定額部分と報酬比例部分を合算した額に加給年金額を加算した額です。

定額部分と**報酬比例部分**は次の式で計算されます。なお、ここでの報酬比例部分は平成15年3月以前の被保険者期間と、同年4月以後の被保険者期間の2つの期間をもつ人の「本来の額」（48頁参照）の計算式となっています。

$$1,701円 \times \begin{bmatrix} \text{生年月日に応じて} \\ 1.875 \sim 1.000 \end{bmatrix} \times \begin{bmatrix} \text{被 保 険 者} \\ \text{期間の月数} \end{bmatrix}$$
定額部分

平成15年3月以前の期間に係る報酬比例部分
$$\begin{pmatrix} \text{平均標準} \\ \text{報酬月額} \end{pmatrix} \times \begin{bmatrix} \text{生年月日に応じて} \\ \dfrac{9.5}{1000} \sim \dfrac{7.125}{1000} \end{bmatrix} \times \begin{bmatrix} \text{平15年3月以前} \\ \text{の 被 保 険 者} \\ \text{期 間 の 月 数} \end{bmatrix}$$

$+$

平成15年4月以後の期間に係る報酬比例部分
$$\begin{pmatrix} \text{平均標準} \\ \text{報 酬 額} \end{pmatrix} \times \begin{bmatrix} \text{生年月日に応じて} \\ \dfrac{7.308}{1000} \sim \dfrac{5.481}{1000} \end{bmatrix} \times \begin{bmatrix} \text{平15年4月以後} \\ \text{の 被 保 険 者} \\ \text{期 間 の 月 数} \end{bmatrix}$$

＊上記の定額部分の式の1,701円（既裁定者の場合は1,696円、ただし昭和31年度生まれは1,701円）は、1,628円に令和6年度の新規裁定者の改定率1.045（既裁定者の場合は1.042、ただし昭和31年度生まれは1.045）を乗じて1円未満を四捨五入した額となります。

＊上記の報酬比例部分の式で、平均標準報酬月額（賞与を含めない平均月収）と平均標準報酬額（賞与を含めた平均月収）は、50・51頁の再評価率表の「生年月日に応じた新再評価率」で計算されます。

＊報酬比例部分の生年月日に応じた乗率は、平成15年3月以前の期間は1000分の9.5 〜 7.125、同年4月以後の期間は1000分の7.308 〜 5.481となります（次頁の表の「総報酬制の新乗率」）。

＊報酬比例部分の式では、平成15年3月以前の被保険者期間がないときまたは平成15年4月以後の被保険者期間がないときは、それぞれ該当する被保険者期間の計算

式のみを使用します。

●報酬比例部分相当の老齢厚生年金の年金額

　昭和24年4月2日〜昭和36年4月1日（女子は昭和29年4月2日〜昭和41年4月1日）生まれの人に支給される特別支給の老齢厚生年金は「報酬比例部分のみの老齢厚生年金」となり、定額部分と加給年金額は支給されません。

■定額部分の年金額

　定額部分の単価は新規裁定者の場合1,701円、既裁定者の場合1,696円（ただし昭和31年度生まれは1,701円）ですが、昭和21年4月1日以前に生まれた人の単価は、下の表の**定額単価**のように1,696円に生年月日に応じて1.875〜1.032をかけた額となります。また、定額部分の被保険者期間の月数には、生年月日に応じて次のような上限が設けられています。

　昭和4年4月1日以前生まれ————————420月（35年）

　昭和4年4月2日〜昭和9年4月1日生まれ——432月（36年）

●定額部分の単価と報酬比例部分の乗率の経過措置

生　年　月　日	定額単価	報酬比例部分（総報酬制前）		報酬比例部分（総報酬制）	
		新乗率	旧乗率	新乗率	旧乗率
昭和 2 年4月1日以前	1,696円×1.875	1000分の9.500	1000分の10.00	1000分の7.308	1000分の7.692
昭和 2 年4月2日〜昭和 3 年4月1日	1.817	9.367	9.86	7.205	7.585
昭和 3 年4月2日〜昭和 4 年4月1日	1.761	9.234	9.72	7.103	7.477
昭和 4 年4月2日〜昭和 5 年4月1日	1.707	9.101	9.58	7.001	7.369
昭和 5 年4月2日〜昭和 6 年4月1日	1.654	8.968	9.44	6.898	7.262
昭和 6 年4月2日〜昭和 7 年4月1日	1.603	8.845	9.31	6.804	7.162
昭和 7 年4月2日〜昭和 8 年4月1日	1.553	8.712	9.17	6.702	7.054
昭和 8 年4月2日〜昭和 9 年4月1日	1.505	8.588	9.04	6.606	6.954
昭和 9 年4月2日〜昭和10年4月1日	1.458	8.465	8.91	6.512	6.854
昭和10年4月2日〜昭和11年4月1日	1.413	8.351	8.79	6.424	6.762
昭和11年4月2日〜昭和12年4月1日	1.369	8.227	8.66	6.328	6.662
昭和12年4月2日〜昭和13年4月1日	1.327	8.113	8.54	6.241	6.569
昭和13年4月2日〜昭和14年4月1日	1.286	7.990	8.41	6.146	6.469
昭和14年4月2日〜昭和15年4月1日	1.246	7.876	8.29	6.058	6.377
昭和15年4月2日〜昭和16年4月1日	1.208	7.771	8.18	5.978	6.292
昭和16年4月2日〜昭和17年4月1日	1.170	7.657	8.06	5.890	6.200
昭和17年4月2日〜昭和18年4月1日	1.134	7.543	7.94	5.802	6.108
昭和18年4月2日〜昭和19年4月1日	1.099	7.439	7.83	5.722	6.023
昭和19年4月2日〜昭和20年4月1日	1.065	7.334	7.72	5.642	5.938
昭和20年4月2日〜昭和21年4月1日	1.032	7.230	7.61	5.562	5.854
昭和21年4月2日以後	1.000	7.125	7.50	5.481	5.769

昭和9年4月2日〜昭和19年4月1日生まれ——444月（37年）

昭和19年4月2日〜昭和20年4月1日生まれ——456月（38年）

昭和20年4月2日〜昭和21年4月1日生まれ——468月（39年）

昭和21年4月2日以後生まれ————————480月（40年）

＊32頁の中高齢の特例に該当したときは、被保険者期間の月数が240月（20年）未満であっても240月とされます。

■報酬比例部分の年金額

●本来の額と5％適正化前の従前額の保障

平成12年の法律改正によって報酬比例部分の乗率が5％引き下げられました。

ただし、これには急激な年金額の下落を防ぐために、**本来の額と5％適正化前の従前額**を比較して、いずれか高額なほうの額の年金が自動的に支給される仕組みが設けられています。

46頁の報酬比例部分は「本来の額」の計算式で表示しましたが、これは、次の「5％適正化前の従前額」の計算式で計算された年金額を上回るときに支給されるものです。

$$\left\{ \begin{array}{c} \overbrace{\left[\begin{array}{c} 平均標準 \\ 報酬月額 \end{array}\right] \times \left[\dfrac{\overset{\text{生年月日に応じて}}{10}}{1000} \sim \dfrac{7.5}{1000}\right] \times \left[\begin{array}{c} 平15年3月以前 \\ の被保険者 \\ 期間の月数 \end{array}\right]}^{\text{平成15年3月以前の期間に係る報酬比例部分}} \\ + \\ \underbrace{\left[\begin{array}{c} 平均標準 \\ 報酬額 \end{array}\right] \times \left[\dfrac{\overset{\text{生年月日に応じて}}{7.692}}{1000} \sim \dfrac{5.769}{1000}\right] \times \left[\begin{array}{c} 平15年4月以後 \\ の被保険者 \\ 期間の月数 \end{array}\right]}_{\text{平成15年4月以後の期間に係る報酬比例部分}} \end{array} \right\} \overset{\text{従前額改定率}}{\times 1.041}$$

＊平均標準報酬月額（賞与を含めない平均月収）と平均標準報酬額（賞与を含めた平均月収）は、51頁の旧再評価率表の「旧再評価率」で計算されます。

＊旧再評価率は毎年度改定されないため、令和6年度は1.041の**従前額改定率**という乗率をかけて年金額が改定されます。ただし、昭和13年4月1日以前に生まれた人については、「1.041」は「1.043」となります。

＊生年月日に応じた乗率は、平成15年3月以前の期間は1000分の10〜7.5（前頁の表の「総報酬制前の旧乗率」）、同年4月以後の期間は1000分の7.692〜5.769（前頁の表の「総報酬制の旧乗率」）となります。

●総報酬制と２つの計算式

平成15年４月から、総報酬制によって、月収と賞与にかかる保険料は同じ保険料率で徴収されますが、総報酬制前の平成15年３月までは、賞与は月収の17分の１以下の保険料率で徴収されていました。

このため、報酬比例部分の計算では、総報酬制前の平成15年３月以前の被保険者期間は賞与を含めない平均月収（平均標準報酬月額）で計算され、同年４月以後の被保険者期間は賞与を含めた平均月収（平均標準報酬額）で計算され、結果として、これらの２つの期間は分けて計算されることになります。

●平均標準報酬月額と平均標準報酬額

報酬比例部分の計算では、平成15年３月以前の被保険者期間について使用される平均標準報酬月額、同年４月以後の被保険者期間について使用される平均標準報酬額は、別々に計算されますが、ともに、最近の賃金水準にみあった額の年金を支給するために、過去の月収・賞与に次頁の「令和６年度の再評価率表」のように、一定期間ごとに区分された再評価率をかけてから平均額が計算されます。

ただし、「本来の額」のときは、毎年度政令で改定される**生年月日に応じた新再評価率**を用い、「５％適正化前の従前額」のときは、生年月日にかかわらず一本となっている**旧再評価率**を用いて平均額を計算します。

一方、平成15年３月以前の被保険者期間について使用される平均標準報酬月額は、昭和32年10月前の標準報酬月額は除かれ、再評価前の１万円未満の標準報酬月額は１万円として、平均額が算出されます。この平成15年３月以前の平均標準報酬月額には最低保障額が設けられていて、「本来の額」の令和６年度の最低保障額は73,648円（昭和10年４月１日以前生まれの人は72,028円、昭和10年４月２日〜昭和11年４月１日生まれの人は72,324円、昭和11年４月２日〜昭和12年４月１日生まれの人は72,844円、昭和12年４月２日〜昭和31年４月１日生まれの人は73,437円）となります。

＊「５％適正化前の従前額」での最低保障額は、平成11年４月前の被保険者期間がある人について66,594円となります。

また、平成15年４月以後の被保険者期間に関する平均標準報酬額は、平成15年４月以後の再評価された後の標準報酬月額と標準賞与額の総額を平成15年４月以後の被保険者期間の月数で割って算出されます。

●令和6年度の新再評価率表

被保険者期間 ＼ 生年月日	昭5.4.1 以前	昭5.4.2 ～6.4.1	昭6.4.2 ～7.4.1	昭7.4.2 ～8.4.1	昭8.4.2 ～10.4.1	昭10.4.2 ～11.4.1	昭11.4.2 ～12.4.1	昭12.4.2 ～13.4.1	昭13.4.2 ～31.4.1	昭31.4.2 以後
昭33. 3以前	14.563	14.711	15.025	15.102	15.102	15.165	15.273	15.400	15.414	15.459
昭33. 4～昭34. 3	14.250	14.392	14.705	14.776	14.776	14.837	14.946	15.068	15.081	15.126
昭34. 4～昭35. 4	14.052	14.192	14.497	14.572	14.572	14.634	14.738	14.858	14.874	14.918
昭35. 5～昭36. 3	11.622	11.739	11.989	12.052	12.052	12.100	12.186	12.289	12.300	12.337
昭36. 4～昭37. 3	10.746	10.853	11.084	11.142	11.142	11.188	11.271	11.360	11.373	11.407
昭37. 4～昭38. 3	9.701	9.801	10.009	10.060	10.060	10.102	10.177	10.259	10.270	10.301
昭38. 4～昭39. 3	8.910	8.994	9.195	9.239	9.239	9.277	9.345	9.421	9.429	9.457
昭39. 4～昭40. 4	8.188	8.270	8.451	8.491	8.491	8.526	8.589	8.659	8.668	8.694
昭40. 5～昭41. 3	7.166	7.237	7.395	7.431	7.431	7.461	7.515	7.579	7.584	7.606
昭41. 4～昭42. 3	6.584	6.649	6.789	6.826	6.826	6.853	6.903	6.960	6.966	6.987
昭42. 4～昭43. 3	6.403	6.470	6.611	6.645	6.645	6.670	6.719	6.772	6.777	6.797
昭43. 4～昭44.10	5.665	5.723	5.843	5.875	5.875	5.898	5.940	5.989	5.996	6.013
昭44.11～昭46.10	4.329	4.373	4.467	4.490	4.490	4.510	4.541	4.578	4.582	4.596
昭46.11～昭48.10	3.755	3.793	3.874	3.894	3.894	3.911	3.941	3.972	3.976	3.988
昭48.11～昭50. 3	2.753	2.779	2.842	2.856	2.856	2.867	2.889	2.915	2.918	2.926
昭50. 4～昭51. 7	2.347	2.370	2.424	2.435	2.435	2.445	2.465	2.481	2.483	2.490
昭51. 8～昭53. 3	1.940	1.961	2.003	2.013	2.013	2.021	2.034	2.051	2.053	2.059
昭53. 4～昭54. 3	1.783	1.802	1.840	1.851	1.851	1.859	1.872	1.887	1.888	1.894
昭54. 4～昭55. 9	1.690	1.707	1.742	1.751	1.751	1.758	1.771	1.786	1.788	1.794
昭55.10～昭57. 3	1.523	1.538	1.572	1.580	1.580	1.586	1.596	1.608	1.610	1.615
昭57. 4～昭58. 3	1.448	1.466	1.497	1.505	1.505	1.511	1.521	1.533	1.534	1.538
昭58. 4～昭59. 3	1.400	1.414	1.442	1.448	1.448	1.455	1.467	1.480	1.481	1.485
昭59. 4～昭60. 9	1.346	1.361	1.389	1.396	1.396	1.403	1.413	1.424	1.424	1.429
昭60.10～昭62. 3	1.273	1.284	1.313	1.319	1.319	1.325	1.335	1.346	1.347	1.352
昭62. 4～昭63. 3	1.241	1.254	1.280	1.286	1.286	1.291	1.300	1.311	1.313	1.317
昭63. 4～平元.11	1.210	1.221	1.249	1.255	1.255	1.260	1.269	1.279	1.280	1.284
平元.12～平 3. 3	1.138	1.148	1.173	1.178	1.178	1.183	1.192	1.202	1.203	1.206
平 3. 4～平 4. 3	1.085	1.097	1.120	1.126	1.126	1.131	1.139	1.147	1.148	1.151
平 4. 4～平 5. 3	1.054	1.064	1.087	1.093	1.093	1.098	1.107	1.115	1.116	1.119
平 5. 4～平 6. 3	1.033	1.043	1.065	1.071	1.071	1.076	1.083	1.092	1.093	1.096
平 6. 4～平 7. 3	1.025	1.025	1.045	1.051	1.051	1.055	1.062	1.071	1.071	1.075
平 7. 4～平 8. 3	1.024	1.024	1.024	1.029	1.029	1.033	1.040	1.049	1.050	1.053
平 8. 4～平 9. 3	1.020	1.020	1.020	1.015	1.015	1.020	1.028	1.036	1.037	1.040
平 9. 4～平10. 3	0.998	0.998	0.998	0.998	1.001	1.005	1.013	1.023	1.024	1.027
平10. 4～平11. 3	0.992	0.992	0.992	0.992	0.992	0.996	1.001	1.010	1.011	1.014
平11. 4～平12. 3	0.995	0.995	0.995	0.995	0.995	0.995	1.000	1.009	1.010	1.013
平12. 4～平13. 3	1.000	1.000	1.000	1.000	1.000	1.000	1.000	1.009	1.010	1.013
平13. 4～平14. 3	1.007	1.007	1.007	1.007	1.007	1.007	1.007	1.007	1.009	1.012
平14. 4～平15. 3	1.017	1.017	1.017	1.017	1.017	1.017	1.017	1.017	1.015	1.018
平15. 4～平16. 3	1.022	1.022	1.022	1.022	1.022	1.022	1.022	1.022	1.018	1.021
平16. 4～平17. 3	1.023	1.023	1.023	1.023	1.023	1.023	1.023	1.023	1.020	1.022
平17. 4～平18. 3	1.024	1.024	1.024	1.024	1.024	1.024	1.024	1.024	1.022	1.024
平18. 4～平19. 3	1.024	1.024	1.024	1.024	1.024	1.024	1.024	1.024	1.022	1.024
平19. 4～平20. 3	1.022	1.022	1.022	1.022	1.022	1.022	1.022	1.022	1.018	1.021
平20. 4～平21. 3	1.003	1.003	1.003	1.003	1.003	1.003	1.003	1.003	1.001	1.004

被保険者期間										
平21. 4 ～ 平22. 3	1.016	1.016	1.016	1.016	1.016	1.016	1.016	1.016	1.014	1.017
平22. 4 ～ 平23. 3	1.023	1.023	1.023	1.023	1.023	1.023	1.023	1.023	1.020	1.022
平23. 4 ～ 平24. 3	1.025	1.025	1.025	1.025	1.025	1.025	1.025	1.025	1.023	1.025
平24. 4 ～ 平25. 3	1.026	1.026	1.026	1.026	1.026	1.026	1.026	1.026	1.024	1.027
平25. 4 ～ 平26. 3	1.028	1.028	1.028	1.028	1.028	1.028	1.028	1.028	1.026	1.029
平26. 4 ～ 平27. 3	0.998	0.998	0.998	0.998	0.998	0.998	0.998	0.998	0.996	0.999
平27. 4 ～ 平28. 3	0.993	0.993	0.993	0.993	0.993	0.993	0.993	0.993	0.991	0.994
平28. 4 ～ 平29. 3	0.996	0.996	0.996	0.996	0.996	0.996	0.996	0.996	0.994	0.997
平29. 4 ～ 平30. 3	0.992	0.992	0.992	0.992	0.992	0.992	0.992	0.992	0.990	0.993
平30. 4 ～ 平31. 3	0.983	0.983	0.983	0.983	0.983	0.983	0.983	0.983	0.981	0.984
平31. 4 ～ 令 2. 3	0.980	0.980	0.980	0.980	0.980	0.980	0.980	0.980	0.978	0.981
令 2. 4 ～ 令 3. 3	0.980	0.980	0.980	0.980	0.980	0.980	0.980	0.980	0.978	0.978
令 3. 4 ～ 令 4. 3	0.983	0.983	0.983	0.983	0.983	0.983	0.983	0.983	0.981	0.981
令 4. 4 ～ 令 5. 3	0.958	0.958	0.958	0.958	0.958	0.958	0.958	0.958	0.956	0.956
令 5. 4 ～ 令 6. 3	0.928	0.928	0.928	0.928	0.928	0.928	0.928	0.928	0.926	0.926
令 6. 4 ～ 令 7. 3	0.928	0.928	0.928	0.928	0.928	0.928	0.928	0.928	0.926	0.926

●旧再評価率表

被保険者期間	旧再評価率	被保険者期間	旧再評価率	被保険者期間	旧再評価率
昭33. 3 以前	13.960	昭58. 4 ～ 昭59. 3	1.340	平18. 4 ～ 平19. 3	0.926
昭33. 4 ～ 昭34. 3	13.660	昭59. 4 ～ 昭60. 9	1.290	平19. 4 ～ 平20. 3	0.924
昭34. 4 ～ 昭35. 4	13.470	昭60.10 ～ 昭62. 3	1.220	平20. 4 ～ 平21. 3	0.924
昭35. 5 ～ 昭36. 3	11.140	昭62. 4 ～ 昭63. 3	1.190	平21. 4 ～ 平22. 3	0.914
昭36. 4 ～ 昭37. 3	10.300	昭63. 4 ～ 平元 .11	1.160	平22. 4 ～ 平23. 3	0.927
昭37. 4 ～ 昭38. 3	9.300	平元 .12 ～ 平 3. 3	1.090	平23. 4 ～ 平24. 3	0.934
昭38. 4 ～ 昭39. 3	8.540	平 3. 4 ～ 平 4. 3	1.040	平24. 4 ～ 平25. 3	0.937
昭39. 4 ～ 昭40. 4	7.850	平 4. 4 ～ 平 5. 3	1.010	平25. 4 ～ 平26. 3	0.937
昭40. 5 ～ 昭41. 3	6.870	平 5. 4 ～ 平 6. 3	0.990	平26. 4 ～ 平27. 3	0.932
昭41. 4 ～ 昭42. 3	6.310	平 6. 4 ～ 平 7. 3	0.990	平27. 4 ～ 平28. 3	0.909
昭42. 4 ～ 昭43. 3	6.140	平 7. 4 ～ 平 8. 3	0.990	平28. 4 ～ 平29. 3	0.909
昭43. 4 ～ 昭44.10	5.430	平 8. 4 ～ 平 9. 3	0.990	平29. 4 ～ 平30. 3	0.910
昭44.11 ～ 昭46.10	4.150	平 9. 4 ～ 平10. 3	0.990	平30. 4 ～ 平31. 3	0.910
昭46.11 ～ 昭48.10	3.600	平10. 4 ～ 平11. 3	0.990	平31. 4 ～ 令 2. 3	0.903
昭48.11 ～ 昭50. 3	2.640	平11. 4 ～ 平12. 3	0.990	令 2. 4 ～ 令 3. 3	0.899
昭50. 4 ～ 昭51. 7	2.250	平12. 4 ～ 平13. 3	0.917	令 3. 4 ～ 令 4. 3	0.900
昭51. 8 ～ 昭53. 3	1.860	平13. 4 ～ 平14. 3	0.917	令 4. 4 ～ 令 5. 3	0.904
昭53. 4 ～ 昭54. 3	1.710	平14. 4 ～ 平15. 3	0.917	令 5. 4 ～ 令 6. 3	0.879
昭54. 4 ～ 昭55. 9	1.620	平15. 4 ～ 平16. 3	0.917	令 6. 4 ～ 令 7. 3	0.853
昭55.10 ～ 昭57. 3	1.460	平16. 4 ～ 平17. 3	0.917		
昭57. 4 ～ 昭58. 3	1.390	平17. 4 ～ 平18. 3	0.923		

■加給年金額

●被保険者期間20年以上の人に支給

　定額部分を加えた老齢厚生年金を受けられるようになったとき、厚生年金保険の被保険者期間が20年（32頁の中高齢の特例で受ける人は生年月日に応じ

て15年～19年）以上ある場合、その人に生計を維持されている配偶者または子があれば、次表の額の**加給年金額**が支給されます。

配　偶　者	234,800円（月額19,566円）
１人目・２人目の子	各234,800円（月額19,566円）
３人目以降の子	各78,300円（月額 6,525円）

＊厚生年金保険の被保険者期間が20年に満たない人が、退職してまたは65歳になって20年以上になると、加給年金額が支給されるようになります。

＊子は、18歳到達年度の末日までの子または20歳未満で１級・２級の障害の子に限られます。

●配偶者加給年金額の特別加算

　また、昭和９年４月２日以後に生まれた受給権者には、受給権者の生年月日に応じて、配偶者の加給年金額に**特別加算**が行われます。この結果、配偶者の加給年金額の合計額は、下記の表のようになります。

●配偶者が65歳になるまで支給

　配偶者の加給年金額は配偶者が65歳になるまで支給され、その後は、配偶者自身の老齢基礎年金に振替加算が経過的に行われます（39頁参照）。

　また、配偶者が老齢厚生年金（厚生年金保険の被保険者期間が20年〈32頁の中高齢の特例で受ける人は15年～19年〉以上ある場合に限る）、障害厚生年金、障害基礎年金、共済組合の退職・障害給付など一定の年金給付を受けられる間は、配偶者の加給年金額は支給停止されます（ただし、障害給付の全額が支給停止されている場合は除く）。

受給権者の生年月日	特別加算額	加給年金額の合計額
昭和 ９ 年４月２日～昭和15年４月１日	34,700円	269,500円（月額22,458円）
昭和15年４月２日～昭和16年４月１日	69,300円	304,100円（月額25,341円）
昭和16年４月２日～昭和17年４月１日	104,000円	338,800円（月額28,233円）
昭和17年４月２日～昭和18年４月１日	138,600円	373,400円（月額31,116円）
昭和18年４月２日以後	173,300円	408,100円（月額34,008円）

■60歳台前半の在職老齢年金

　特別支給の老齢厚生年金は、在職者（厚生年金保険の加入者）に支給される

場合、「在職老齢年金」の仕組みによって、年金の一部または全部が支給停止されることがあります。また、この仕組みでは、次の「基本月額」と「総報酬月額相当額」に応じて支給調整額が変わることになっています。

※60歳台前半の在職老齢年金の仕組みは、令和4年4月から、65頁の65歳からの在職老齢年金と同じ仕組みになっています。

●基本月額

基本月額は年金月額と同じで、次の式によって計算されます。

基本月額＝特別支給の老齢厚生年金の額（加給年金額を除いた年額）÷12

●総報酬月額相当額

また、総報酬月額相当額は、次の式によって計算されます。

総報酬月額相当額＝その月の標準報酬月額
　　　　　　　　　　　＋その月以前の1年間の標準賞与額の総額÷12

次の図のように、例えば、直近の1年間に賞与を2回受けた人の場合、4月の総報酬月額相当額は次の式で計算されます。

4月の総報酬月額相当額＝20万円＋（46万円＋50万円）÷12
　　　　　　　　　　　　　＝20万円＋8万円＝28万円

（例）4月の在職支給調整の基礎となる総報酬月額相当額

月	4	5	6	7	8	9	10	11	12	1	2	3	4	5
月収													●	
賞与				●					●					

標準賞与額：46万円　　標準賞与額：50万円　標準報酬月額：20万円

直近1年間に受けた賞与

●支給停止額の計算式

在職老齢年金では、基本月額と総報酬月額相当額の合計額などに応じて、次のように支給停止額が決定されます。

(1) 基本月額と総報酬月額相当額との合計額が50万円に達するまでは、特別支給の老齢厚生年金は全額支給されます。

(2) これを上回る場合は、総報酬月額相当額の増加2に対して年金額1が支給停止されます。

支給停止額＝（基本月額＋総報酬月額相当額－50万円）×1/2×12

(3) 加給年金額が支給される場合には、特別支給の老齢厚生年金が一部でも支給されれば、加給年金額は全額支給されます。

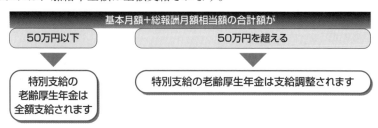

＊支給停止額が年金額以上となると全額支給停止となります。

＊定額部分付きの老齢厚生年金では、上記の計算式によって支給停止となるのは、加給年金額を除いた「本体部分」であり、上記の計算式によって本体部分が一部でも支給されていれば加給年金額は全額支給となり、本体部分が全額支給停止になれば加給年金額も全額支給停止となります。

●支給停止額の計算例

〔例1〕年金額120万円（基本月額10万円）、総報酬月額相当額30万円の場合

基本月額と総報酬月額相当額の合計額が10万円＋30万円＝40万円で50万円以下ですので、特別支給の老齢厚生年金は支給停止されず、全額支給となります。

〔例2〕年金額144万円（基本月額12万円）、総報酬月額相当額46万円の場合

基本月額と総報酬月額相当額の合計額が12万円＋46万円＝58万円で50万円を超えますので、前記(2)の式で支給停止額が計算されます。

支給停止額＝（12万円＋46万円－50万円）×1/2×12＝48万円

144万円－48万円＝96万円（月額8万円）。48万円（月額4万円）が支給停止され、96万円（月額8万円）が支給されます。

〔例3〕年金額180万円（基本月額15万円）、総報酬月額相当額62万円の場合

基本月額と総報酬月額相当額の合計額が15万円＋62万円＝77万円で50万円を超えますので、前記(2)の式で支給停止額が計算されます。

支給停止額＝（15万円＋62万円－50万円）×1/2×12＝162万円

180万円－162万円＝18万円（月額1.5万円）。162万円が支給停止され、18

万円（月額1.5万円）が支給されます。

●総報酬月額相当額が変わったとき

　在職しながら特別支給の老齢厚生年金を受けている人の総報酬月額相当額が変動すると、変動後の総報酬月額相当額に基づいて支給停止額が再計算され、変動した月以後に支給される年金の支給額が変更されることになります。

＊この場合は特別の届出を行う必要はありません。

●退職したとき

　在職しながら特別支給の老齢厚生年金を受けている人が退職し、被保険者の資格を失ったまま1カ月が経過すると、退職した日の属する月の翌月に支給停止が解除されて年金が全額支給されることになります。

　なお、在職中に支給される特別支給の老齢厚生年金では、受給権を得た月以後の被保険者期間は年金額の計算には算入されませんが、退職したときには、それまでのすべての被保険者期間に基づいて年金額が再計算されます。

＊この場合は特別の届出を行う必要はありません。

　ただし、被保険者の資格を失ってから1カ月以内に再就職したときには、もとの被保険者期間によって計算された前のままの年金額と新たな総報酬月額相当額に基づいて在職老齢年金の支給停止額が計算されることになります。

●65歳になったとき

　在職しながら特別支給の老齢厚生年金を受けている人が65歳になると、65歳になった月（65歳の誕生日の前日の属する月）の翌月から、それまでのすべての被保険者期間に基づいて支給額が再計算された老齢基礎年金と老齢厚生年金が支給されます。

＊65歳以後も引き続いて厚生年金保険の被保険者のままで就労する場合、65頁の「65歳からの在職老齢年金」の規定によって老齢厚生年金が支給調整されます。

老齢厚生

●在職老齢年金早見表（1カ月当たり）

年金月額 ＼ 総報酬月額相当額	9.8	13.0	16.0	19.0	22.0	25.0	28.0	31.0	34.0	37.0	40.0	43.0	46.0	49.0
2.0	2.0	2.0	2.0	2.0	2.0	2.0	2.0	2.0	2.0	2.0	2.0	2.0	2.0	1.5
3.0	3.0	3.0	3.0	3.0	3.0	3.0	3.0	3.0	3.0	3.0	3.0	3.0	3.0	2.0
4.0	4.0	4.0	4.0	4.0	4.0	4.0	4.0	4.0	4.0	4.0	4.0	4.0	4.0	2.5
5.0	5.0	5.0	5.0	5.0	5.0	5.0	5.0	5.0	5.0	5.0	5.0	5.0	4.5	3.0
6.0	6.0	6.0	6.0	6.0	6.0	6.0	6.0	6.0	6.0	6.0	6.0	6.0	5.0	3.5
7.0	7.0	7.0	7.0	7.0	7.0	7.0	7.0	7.0	7.0	7.0	7.0	7.0	5.5	4.0
8.0	8.0	8.0	8.0	8.0	8.0	8.0	8.0	8.0	8.0	8.0	8.0	7.5	6.0	4.5
9.0	9.0	9.0	9.0	9.0	9.0	9.0	9.0	9.0	9.0	9.0	9.0	8.0	6.5	5.0
10.0	10.0	10.0	10.0	10.0	10.0	10.0	10.0	10.0	10.0	10.0	10.0	8.5	7.0	5.5
11.0	11.0	11.0	11.0	11.0	11.0	11.0	11.0	11.0	11.0	11.0	10.5	9.0	7.5	6.0
12.0	12.0	12.0	12.0	12.0	12.0	12.0	12.0	12.0	12.0	12.0	11.0	9.5	8.0	6.5
13.0	13.0	13.0	13.0	13.0	13.0	13.0	13.0	13.0	13.0	11.5	10.0	8.5	7.0
14.0	14.0	14.0	14.0	14.0	14.0	14.0	14.0	14.0	14.0	13.5	12.0	10.5	9.0	7.5
15.0	15.0	15.0	15.0	15.0	15.0	15.0	15.0	15.0	15.0	14.0	12.5	11.0	9.5	8.0
16.0	16.0	16.0	16.0	16.0	16.0	16.0	16.0	16.0	16.0	14.5	13.0	11.5	10.0	8.5
17.0	17.0	17.0	17.0	17.0	17.0	17.0	17.0	17.0	16.5	15.0	13.5	12.0	10.5	9.0
18.0	18.0	18.0	18.0	18.0	18.0	18.0	18.0	18.0	17.0	15.5	14.0	12.5	11.0	9.5

（単位：万円）

■雇用保険法による給付との調整

　特別支給の老齢厚生年金を受けられる人が、同時に雇用保険法による失業給付（**基本手当**）を受けられる場合、原則として特別支給の老齢厚生年金が支給停止されます。

　また、月収額が60歳になったときの75％未満となっているなど定められた条件を満たした60歳以上65歳未満の人に支給される雇用保険法による**高年齢雇用継続給付**を受けられる場合、在職老齢年金の調整に加えて毎月、標準報酬月額の6％に相当する額を上限として特別支給の老齢厚生年金が支給停止されることになっています。

＊令和7年4月から高年齢雇用継続給付の支給要件や給付率が変わり、停止率の上限は4％になります。

4. 特別支給の老齢厚生年金と繰上げ支給の老齢厚生年金

老齢基礎年金・老齢厚生年金は、60歳以後の希望するときから支給を繰り上げて受け始めることができます。

■昭和28年（女子は昭和33年）4月1日以前生まれの人

昭和16年4月2日〜昭和24年4月1日（女子は昭和21年4月2日〜昭和29年4月1日）に生まれた人は、60歳から報酬比例部分のみの老齢厚生年金を受け始め、生年月日に応じて61歳〜64歳の**特例支給開始年齢**から定額部分を加えた老齢厚生年金を受けられます（43頁の表参照）。

これらの人は、希望すれば、60歳以後に**全部繰上げの老齢基礎年金**または**一部繰上げの老齢基礎年金**を請求できることになっています。

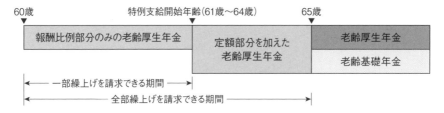

ただし、「全部繰上げ」は65歳になる月の前月まで請求できますが、「一部繰上げ」は特例支給開始年齢になると請求できません。なお、「全部繰上げ」は、基本的には35頁の「繰上げ支給」と同じ仕組みになっています。

●昭和16年4月2日〜昭和21年4月1日生まれの女子の場合

60歳から定額部分と報酬比例部分をあわせた額の特別支給の老齢厚生年金を受けられる昭和16年4月2日〜昭和21年4月1日生まれの女子は、「全部

繰上げ」を請求できますが、「一部繰上げ」は請求できません。

●障害者・長期加入者の特例、坑内員・船員の特例に該当する場合

　昭和16年４月２日〜昭和24年４月１日（女子は昭和21年４月２日〜昭和29年４月１日）に生まれていても、44頁の「障害者・長期加入者の特例」または「坑内員・船員の特例」に該当して定額部分と報酬比例部分をあわせた額の特別支給の老齢厚生年金を受けている人は、「全部繰上げ」を請求できますが、「一部繰上げ」は請求できません。

●60歳から報酬比例部分のみを受けられる人の場合

　また、昭和24年４月２日〜昭和28年４月１日（女子は昭和29年４月２日〜昭和33年４月１日）生まれの人は、60歳から報酬比例部分のみの特別支給の老齢厚生年金を受けられます。これらの人は、「全部繰上げ」は請求できますが、「一部繰上げ」は請求できません。

■経過的な繰上げ支給の老齢厚生年金

　昭和28年４月２日〜昭和36年４月１日（女子、特例該当の坑内員・船員は昭和33年４月２日〜昭和41年４月１日）生まれの人の特別支給の老齢厚生年金（報酬比例部分）の支給開始年齢（特例支給開始年齢）は、生年月日に応じて61歳〜64歳に引き上げられています（44頁の表参照）。

　これらの人は、特例支給開始年齢に到達する前に、経過的に60歳以後の希望する年齢から老齢厚生年金の繰上げ支給を請求することができます。

　この経過的な繰上げ支給の老齢厚生年金を請求する人は、同時に老齢基礎年金の繰上げ支給を請求しなければなりません。この場合、繰上げ支給の老齢基礎年金は、一部繰上げではなく全部繰上げとなります。

　この経過的な繰上げ支給の老齢厚生年金を請求する場合の年金額は、次の式

で算出した額となります。

〇繰上げ支給の老齢厚生年金額＝報酬比例部分（繰上げ支給）の年金額＋経過的加算額

　報酬比例部分（繰上げ支給）の年金額＝報酬比例部分の年金額－（報酬比例部分の年金額×0.004×①＋経過的加算額×0.004×②）

〇繰上げ支給の老齢基礎年金額＝老齢基礎年金額－老齢基礎年金額×0.004×②

　　①＝繰上げ請求月から特例支給開始年齢到達の前月までの月数

　　②＝繰上げ請求月から65歳到達の前月までの月数

　＊特例支給開始年齢到達月に報酬比例部分の繰上げ支給の請求を行った場合には減額されません。

　＊0.004の繰上げ減額率は、昭和37年4月1日以前生まれの人は0.005となります。

●繰上げ調整額が加算される人

　障害者・長期加入者または坑内員・船員の特例該当者で、定額部分と報酬比例部分とをあわせた額の特別支給の老齢厚生年金の支給開始年齢（特例支給開始年齢）が61歳〜64歳に引き上げられる人が、特例支給開始年齢に到達する前に経過的な繰上げ支給の老齢厚生年金を請求する場合には、報酬比例部分のほかに繰上げ調整額が加算されます。この繰上げ調整額は、定額部分の額から、繰上げ請求月から特例支給開始年齢到達の前月までの月数に応じた額を減額したものとなります。

　この繰上げ調整額が加算される人（障害者・長期加入者および坑内員・船員の特例該当者）の場合は、老齢基礎年金の繰上げは一部繰上げとなります。

　老齢基礎年金の一部繰上げの場合は、繰上げ調整額は支給停止されませんが、定額部分と老齢基礎年金とを一体的に繰り上げることとなるため、支給される老齢基礎年金の額は、全部繰上げの場合よりもさらに減額されたものとなり、定額部分の減額率に相当する部分に限定して老齢基礎年金を一部繰り上げることになります。

　なお、この老齢基礎年金の一部繰上げを請求した場合は、65歳に到達すると繰上げ調整額の加算が停止され、代わりに老齢基礎年金に繰上げ加算額が加算されます。

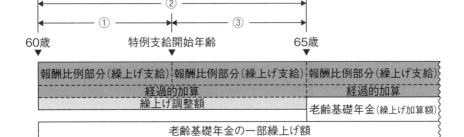

　老齢基礎年金の一部繰上げをした場合の年金額は、次の計算式で算出した額
となります。

○繰上げ支給の老齢厚生年金額＝報酬比例部分（繰上げ支給）の年金額＋繰上げ調整額＋経過的加算額

　報酬比例部分（繰上げ支給）の年金額＝報酬比例部分の年金額－（報酬比例部分の年金額×0.004×①＋経過的加算額×$\frac{3}{2}$＋経過的加算額×$\frac{1}{2}$×0.004×②）

　繰上げ調整額＝定額部分－定額部分×$\frac{1}{2}$

○老齢基礎年金の一部繰上げ額＝老齢基礎年金額×$\frac{1}{2}$－老齢基礎年金額×$\frac{1}{2}$×0.004×②

○65歳以後の老齢厚生年金額＝報酬比例部分（繰上げ支給）の年金額＋経過的加算額

　報酬比例部分（繰上げ支給）の年金額＝報酬比例部分の年金額－（報酬比例部分の年金額×0.004×①＋経過的加算額×$\frac{1}{2}$×0.004×②）

○65歳以後の老齢基礎年金額＝老齢基礎年金額－老齢基礎年金額×$\frac{1}{2}$×0.004×②

　①＝繰上げ請求月から特例支給開始年齢到達の前月までの月数

　②＝繰上げ請求月から65歳到達の前月までの月数

　③＝特例支給開始年齢到達月から65歳到達の前月までの月数

　＊特例支給開始年齢到達月に報酬比例部分の繰上げ支給の請求を行った場合には減額されません。

　＊0.004の繰上げ減額率は、昭和37年4月1日以前生まれの人は0.005となります。

●在職者の場合

　在職者（厚生年金保険の被保険者）の場合、繰上げ調整額が加算される人のうち坑内員・船員を除く障害者・長期加入者については、繰上げ調整額と加給年金額が全額支給停止され、報酬比例部分について在職老齢年金の規定（52頁）によって支給額が調整されます。

■繰上げ支給の老齢厚生年金

　昭和36年4月2日以後生まれの人（女子、特例該当の坑内員・船員は昭和41年4月2日以後生まれの人）の場合は、特別支給の老齢厚生年金が支給されません。そのため、65歳前に老齢厚生年金を受けようとする場合には、繰上げ支給の老齢厚生年金を請求することになります。

　この繰上げ支給の老齢厚生年金の年金額は、60歳～64歳までの請求月から65歳到達月の前月までの月数に応じて算出した額を減じた額となります。ただし、加給年金額は、受給権者が65歳に達するまでは加算されません。

　なお、この老齢厚生年金の繰上げ支給を請求する人は、同時に老齢基礎年金の繰上げ支給も請求しなければなりません。

老齢厚生年金(繰上げ支給)	老齢厚生年金(繰上げ支給)
老齢基礎年金(繰上げ支給)	老齢基礎年金(繰上げ支給)

　繰上げ支給の老齢基礎年金の年金額と繰上げ支給の老齢厚生年金の年金額は、それぞれ次の計算式で算出した額となります。

○繰上げ支給の老齢基礎年金額＝老齢基礎年金額－老齢基礎年金額×0.004×②

○繰上げ支給の老齢厚生年金額＝報酬比例部分の年金額－（報酬比例部分の年金額＋経過的加算額）×0.004×②＋経過的加算額

　②＝繰上げ請求月から65歳到達の前月までの月数

　＊0.004の繰上げ減額率は、昭和37年4月1日以前生まれの人は0.005となります。

5. 65歳からの老齢厚生年金

老齢厚生年金は、厚生年金保険
の被保険者期間がある人が、老齢
基礎年金を受けられるようになっ
たときに、老齢基礎年金に上乗せ
する形で支給されます。

　老齢厚生年金は、厚生年金保険の被保険者期間が**1カ月以上ある人**が、65
歳になって国民年金の老齢基礎年金を受けられるようになったとき（28頁参
照）に、老齢基礎年金に上乗せして支給されます。

＊特別支給の老齢厚生年金は厚生年金保険の被保険者期間が1年以上ある人に支給さ
　れるのに対し、この場合は同期間が1カ月以上ある人に支給されます。

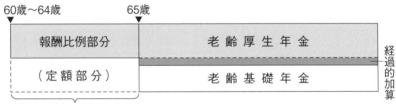

＊経過的加算については64頁を参照してください。

　特別支給の老齢厚生年金を受けている人には65歳から自動的に老齢厚生年
金と老齢基礎年金が支給されず、日本年金機構から送られてくる年金請求書を
提出（郵送）することによって支給が開始されます。

　特別支給の老齢厚生年金を在職しながら受けている人については、65歳に
なった時点で、65歳になるまでの厚生年金保険の被保険者期間に基づいて年
金額が再計算されます。

年金額

老齢厚生年金の年金額は、報酬比例の年金額に加給年金額を加算した額です。

65歳からの老齢厚生年金のうち報酬比例の年金額は、46頁の60歳台前半の老齢厚生年金の報酬比例部分と同じ次の式で計算されます。なお、この式は、平成15年3月以前の被保険者期間と、同年4月以後の被保険者期間の2つの期間をもつ人の「本来の額」（46頁参照）の式となっています。

┌平成15年3月以前の期間に係る報酬比例の年金額┐

$$\left[\begin{array}{c}\text{平均標準}\\\text{報酬月額}\end{array}\right] \times \left[\begin{array}{c}\text{生年月日に応じて}\\\frac{9.5}{1000} \sim \frac{7.125}{1000}\end{array}\right] \times \left[\begin{array}{c}\text{平15年3月以前}\\\text{の 被 保 険 者}\\\text{期 間 の 月 数}\end{array}\right]$$

$$+$$

┌平成15年4月以後の期間に係る報酬比例の年金額┐

$$\left[\begin{array}{c}\text{平均標準}\\\text{報 酬 額}\end{array}\right] \times \left[\begin{array}{c}\text{生年月日に応じて}\\\frac{7.308}{1000} \sim \frac{5.481}{1000}\end{array}\right] \times \left[\begin{array}{c}\text{平15年4月以後}\\\text{の 被 保 険 者}\\\text{期 間 の 月 数}\end{array}\right]$$

また、この報酬比例の年金額には、49頁の「総報酬制と2つの計算式」および「平均標準報酬月額と平均標準報酬額」が適用されます。

＊65歳前に定額部分付きの老齢厚生年金が支給されない、昭和24年（女子は昭和29年）4月2日以後に生まれた人にも、次頁の経過的加算が行われます。

■加給年金額

厚生年金保険の被保険者期間が20年（32頁の中高齢の特例で受ける人は15年～19年）以上ある受給者に生計を維持されている配偶者または子があれば、43頁の特別支給の老齢厚生年金の「支給の形の変更」の生年月日にかかわらず、65歳からの老齢厚生年金に加給年金額が加算されます。

なお、特別加算を含めて、加給年金額の額等の条件は、特別支給の老齢厚生年金の場合と同じです（51頁参照）。

老齢厚生

■経過的加算──定額部分と基礎年金の差額を加算

　当分の間、特別支給の老齢厚生年金の定額部分の額（46頁参照）から、基礎年金相当部分（厚生年金保険の被保険者期間に係る老齢基礎年金の年金額）を差し引いて得た額が65歳からの老齢厚生年金に加算されます。これを**経過的加算**といい、次の式で計算した額となります。

$$1,701円 \times \begin{bmatrix} 生年月日に応じて \\ 1.875～1.000 \end{bmatrix} \times 厚生年金保険の被保険者期間の月数$$

$$-816,000円 \times \frac{昭36.4以後で20歳以上60歳未満の 厚生年金保険の被保険者期間の月数}{（加入可能年数）\times 12}$$

＊「1.875～1.000」は47頁、加入可能年数は33頁参照。

＊被保険者期間の月数は、式の上段では、20頁の第3種被保険者の特例や47・48頁の生年月日に応じた被保険者期間の月数の上限の規定が適用され、32頁の中高齢の特例に該当したとき最低240月とされますが、式の下段では実際の被保険者期間の月数で計算されます。

＊上の計算式の1,701円および816,000円は新規裁定者の額で、既裁定者の場合はそれぞれ1,696円および813,700円となります（ただし昭和31年度生まれの既裁定者は新規裁定者と同額）。

●20歳前と60歳以後の厚生年金保険の被保険者期間など

　老齢基礎年金では、厚生年金保険の被保険者期間のうち、①昭和36年3月以前の期間、②20歳未満の期間、③60歳以後の期間は、年金額に反映されませんので、これらの期間はこの経過的加算で保障されることになります。

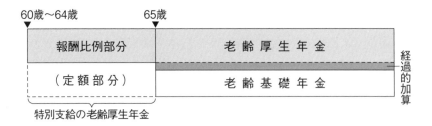

＊65歳前に定額部分が支給されない、昭和24年（女子は昭和29年）4月2日以後に生まれた人には定額部分が支給されませんが、経過的加算が行われます。

■65歳からの在職老齢年金

　65歳以上70歳未満の厚生年金保険の被保険者に支給される老齢厚生年金は、**65歳からの在職老齢年金**の規定によって支給が調整されます。

(1) 老齢基礎年金は支給停止されず、全額支給となります。

(2) 老齢厚生年金の基本月額（年金月額。加給年金額と前頁の経過的加算を除いた額）と月収（53頁の総報酬月額相当額）との合計額が50万円に達するまで、老齢厚生年金は全額支給されます。

(3) これを上回る場合は、月収の増加2に対して年金額1が停止されます。

　　支給停止額＝（基本月額＋総報酬月額相当額−50万円）×1/2×12

(4) 老齢厚生年金が一部でも支給されれば、加給年金額は全額支給されます。

●支給停止額の変更・年金額の改定等

　支給停止額を変更するときの規定および退職時の年金額の改定の規定については、60歳台前半の場合と同様の扱いになっています（55頁参照。在職者が70歳になると、「65歳になったとき」と同様の年金額の改定が行われます）。

●70歳以上の就労者の場合

　厚生年金保険の適用事業所に就労している70歳以上の人は厚生年金保険の被保険者とされず、保険料は徴収されませんが、平成19年4月から、65歳からの在職老齢年金の仕組みによって、老齢厚生年金の支給が調整されています。

＊平成27年10月から、それまでこの調整が行われていなかった昭和12年4月1日以前生まれの人についても、この調整が行われます。ただし、この場合の支給停止額には、平成27年9月以前から引き続いて就労している場合、月収と年金の合計額の10%までとする上限が設けられています。

●65歳以後の定時改定

　令和4年4月から、65歳以上の老齢厚生年金の在職受給者について、在職定時改定が行われています。具体的には、9月1日を基準日とし、この基準日に老齢厚生年金の受給者が在職している場合には、その老齢厚生年金の額は、基準日の前月までの被保険者期間が年金額の計算の基礎とされ、10月分からの年金額が改定されます。

老齢厚生

■繰下げ支給の老齢厚生年金

　繰下げ支給の老齢厚生年金は、平成19年4月以後に老齢厚生年金の受給権を得た人が対象になり、66歳になる前に老齢厚生年金の支給を請求しなかった場合、66歳以後に申出をすれば、申出をしたときの月単位の年齢に応じて、老齢厚生年金の額は次の繰下げ加算額が加算された額となります。

$$繰下げ加算額＝（繰下げ対象額＋経過的加算額）×増額率$$

＊「繰下げ対象額」は、原則、65歳時点の本来の老齢厚生年金の額です。

＊在職者（厚生年金保険の被保険者）として繰下げ支給の待機をした場合の「繰下げ対象額」は、前頁の在職老齢年金制度を適用したと仮定した場合に支給される老齢厚生年金の額です。

＊増額率は、36頁の老齢基礎年金の「増額率」と同じで、「0.7％×65歳になった月から繰下げ申出月の前月までの月数（120カ月、令和4年3月31日以前に老齢厚生年金の受給権を取得してから5年を経過した人の場合は60カ月が上限）」です。

●繰下げ支給の注意事項——37・38頁の老齢基礎年金の繰下げ支給の(1)～(8)と同様です。

　なお、加給年金額には増額が行われません。また、65歳以後に老齢厚生年金の受給権を得た場合、受給権を得た月から1年が過ぎた月以後に繰下げ支給の申出をすることができます。

　一方、繰下げ支給の申出は、老齢基礎年金と老齢厚生年金について、別々にまたは同時にまたは一方のみとすることができます。

●旧制度の繰下げ支給

　旧制度の繰下げ支給の老齢厚生年金は、平成14年3月までに老齢厚生年金・老齢基礎年金の受給権を得た昭和12年4月1日以前に生まれた人が、66歳になるまでの間にこれらの年金の支給を請求しなかった場合、66歳以後に申出をすれば、申出をしたときの年齢に応じて増額された繰下げ支給の老齢厚生年金・老齢基礎年金が支給されます。

■老齢厚生年金の年金額計算例 （46頁の**本来の額**の式で計算。）

①厚生年令保険の加入期間だけの人の年金額

生年月日・性別：昭和35年4月2日生まれの男子。被保険者期間：42年（504月）
平成15年3月以前の平均標準報酬月額（賞与を含めない平均月収）：32万円（252月）
平成15年4月以後の平均標準報酬額（賞与を含めた平均月収）：42万円（252月）
退職日：令和6年3月31日

44頁の表のように昭和34年4月2日～昭和36年4月1日生まれの男子には、64歳から65歳になるまで、次の報酬比例部分のみの老齢厚生年金が支給されます（平成27年10月から、年金額の端数は1円未満を四捨五入して計算されています）。

○報酬比例部分のみの老齢厚生年金

$$= 320{,}000円 \times \frac{7.125}{1000} \times 252月 + 420{,}000円 \times \frac{5.481}{1000} \times 252月 ≒ 1{,}154{,}669円$$

65歳になると老齢基礎年金と老齢厚生年金が支給されます。20歳以上60歳未満の40年の加入可能年数のうち、22歳から38年間保険料を納めていますので、

○老齢基礎年金

$$= 816{,}000円 \times \frac{38年 \times 12}{40年 \times 12} = 775{,}200円$$

また、65歳からの老齢厚生年金は次の式で計算され（63・64頁参照）、

○**老齢厚生年金＝報酬比例部分＋経過的加算** （定額部分[注]－基礎年金相当部分）

$$= 1{,}154{,}669円 + \left(1{,}701円 \times 480月 - 816{,}000円 \times \frac{38年 \times 12}{40年 \times 12} \right)$$

$$= 1{,}154{,}669円 + 経過的加算（41{,}280円） = 1{,}195{,}949円$$

注）定額部分は支給されませんが、経過的加算の計算で定額部分の計算式が使用されます。

65歳からの年金額は次のとおりとなります。

○**老齢基礎年金＋老齢厚生年金**

$$= 775{,}200円 + 1{,}195{,}949円 = 1{,}971{,}149円$$

老齢厚生

②被扶養配偶者がいる人の年金額

①の人に、昭和39年4月2日生まれで、昭和59年4月に20歳で結婚した、就労したことも昭和61年3月以前に国民年金に任意加入したこともない被扶養配偶者がいる場合。

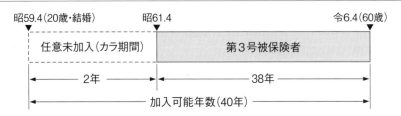

　①の人に支給される老齢厚生年金には、65歳から被扶養配偶者が65歳になるまで、特別加算された408,100円（51・63頁参照）の加給年金額が加算されます。被扶養配偶者が65歳になると加給年金額は打ち切られ、代わりに被扶養配偶者の老齢基礎年金に振替加算が行われます（39頁参照）。

　被扶養配偶者の老齢基礎年金は、加入可能年数40年中、昭和61年4月から配偶者が退職した令和6年3月までの38年間は第3号被保険者として、国民年金に加入することになり、次のように計算されます。なお、配偶者が国民年金に任意加入しなかった昭和36年4月から昭和61年3月までの20歳以上60歳未満の期間（この例では2年間）はカラ期間として老齢基礎年金の資格期間に算入されます。

○**被扶養配偶者の老齢基礎年金** $= 816,000円 \times \dfrac{38年 \times 12}{40年 \times 12} \fallingdotseq 775,200円$

○**振替加算** $= 15,732円$　　　計 $790,932円$

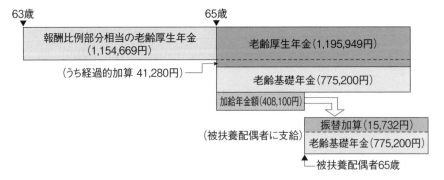

③60歳台前半の在職老齢年金

①の人が、65歳になる月の前月まで1年（12月）在職（厚生年金に加入）してから退職した場合。

令和6年4月〜令和7年3月の標準報酬月額：25万円

令和5年7月〜令和6年12月に（年2回）支給される賞与の標準賞与額：45万円

　この人には64歳から52頁の在職老齢年金による年金が支給されます。まず、令和6年4月の基本月額と総報酬月額相当額を計算します。

○**基本月額**＝年金額÷12＝1,154,669円÷12≒96,222円

○**総報酬月額相当額**

　＝その月の標準報酬月額＋その月以前の直近1年間の標準賞与額の総額÷12

　＝25万円＋（45万円＋45万円）÷12

　＝25万円＋75,000円＝325,000円

　基本月額と総報酬月額相当額の合計額が96,222円＋325,000円＝421,222円で50万円を下回りますので、年金額は支給停止されません。

　60歳台前半の在職老齢年金を受けている人が退職し、そのまま1カ月が経過すると、年金額が再計算されて全額支給となります。

　この人の厚生年金保険の被保険者期間は1年増えて43年（516月）となりますが、平成15年3月以前の平均標準報酬月額（賞与を含めない平均月収）は変わりません。

　そして、平成15年4月以後の平均標準報酬額（賞与を含めた平均月収）は、次の式で再計算されます。

○**新たな平成15年4月以後の平均標準報酬額**

　＝（平成15年4月〜令和6年3月の標準報酬月額と標準賞与額の総額＋令和6年4月以後の標準報酬月額の総額＋令和6年4月以後の標準賞与額の総額）÷（252月＋12月）

　＝（42万円×252月＋25万円×0.926[注]×12月＋45万円×0.926[注]×2）÷264月

　＝（105,840,000円＋2,778,000円＋833,400円）÷264月≒414,589円

　注）0.926は、50・51頁の表の最も右の列の「生年月日に応じた新再評価率」の昭和31年4月2日以後生まれの人の令和6年4月〜令和7年3月の再評価率です。

　この結果、令和7年4月以後の報酬比例部分のみの老齢厚生年金は、

○**報酬比例部分のみの老齢厚生年金**

$$＝320,000円×\frac{7.125}{1000}×252月＋414,589円×\frac{5.481}{1000}×264月≒1,174,464円$$

この人は令和7年4月には65歳になるため、

○**老齢厚生年金**＝報酬比例の年金額＋経過的加算

$$=1,174,464円＋\left(1,701円×480月^注－816,000円×\frac{38年×12}{40年×12}\right)$$

$$=1,174,464円＋41,280円（経過的加算）＝1,215,744円$$

注）この人の定額部分の加入月数の上限は480月です（47・48頁参照）。

この人の65歳からの年金額は次のとおりとなります。

○**老齢基礎年金**^注＋**老齢厚生年金**

$$=775,200円＋1,215,744円＝1,990,944円$$

注）60歳以後の厚生年金保険の被保険者期間は経過的加算に反映され、老齢基礎年金には反映されないため、上記の老齢基礎年金の年金額は①と同じです。

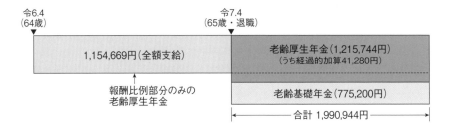

④厚生年金保険と国民年金（第1号被保険者）の期間がある人の年金額

生年月日・性別：昭和36年4月2日生まれの女子。
国民年金の被保険者期間：22年（264月）
厚生年金保険の被保険者期間：20年（240月）
平成15年以後の平均標準報酬額（賞与を含めた平均月収）：40万円（240月）
退職日：令和5年3月31日

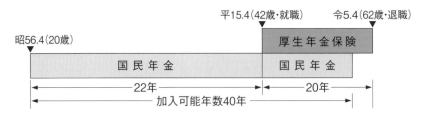

昭和35年4月2日～昭和37年4月1日生まれの女子には、62歳から65歳になるまで、次の報酬比例部分のみの老齢厚生年金が支給されます（44頁の表参照）。

○**報酬比例部分のみの老齢厚生年金**

$$= 400{,}000円 \times \frac{5.481}{1000} \times 240月 ≒ 526{,}176円$$

65歳になると老齢基礎年金と老齢厚生年金の2つの年金が支給されます。この人は40年間保険料を納めていますので、老齢基礎年金は満額の816,000円です。

また、65歳からの老齢厚生年金は次の式で計算され（63・64頁参照）、

○**老齢厚生年金**

＝報酬比例の年金額＋経過的加算（定額部分[注]－基礎年金相当部分）

$$= 526{,}176円 + \left(1{,}701円 \times 240月 - 816{,}000円 \times \frac{18年 \times 12}{40年 \times 12}\right)$$

$$≒ 526{,}176円 + (408{,}240円 - 367{,}200円)$$

$$= 526{,}176円 + 経過的加算（41{,}040円）= 567{,}216円$$

　　注）この人には60歳台前半に定額部分は支給されませんが、経過的加算の計算
　　　　過程で定額部分の計算式が使用されます。

この人の65歳からの年金額は次のとおりとなります。

○**老齢基礎年金＋老齢厚生年金＝816,000円＋567,216円＝1,383,216円**

⑤繰上げ支給の老齢基礎年金を請求した人の年金額

④の人が、62歳0カ月で老齢基礎年金の繰上げ請求をした場合。

　65歳前は定額部分と加給年金額は支給されませんが、報酬比例部分のみの老齢厚生年金が62歳〜64歳から65歳になるまで支給される昭和28年4月2日〜昭和36年4月1日（女子は昭和33年4月2日〜昭和41年4月1日）生まれの人が、60歳から65歳になるまでの間に繰上げ支給の老齢基礎年金を請求する場合、繰上げ支給の老齢基礎年金の支給額は58頁の全部繰上げの老齢基礎年金の式で計算されます。

○62歳からの支給額

　＝報酬比例部分のみの老齢厚生年金＋繰上げ支給の老齢基礎年金〔老齢基礎年金×（1－0.5％×36月）〕

　＝526,176円＋816,000円×82％

　＝526,176円＋669,120円＝1,195,296円

○65歳以後の支給額

　＝〔報酬比例の年金額（526,176円）＋経過的加算（41,040円）〕＋繰上げ支給の老齢基礎年金

　＝567,216円＋669,120円＝1,236,336円

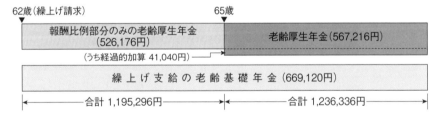

6. 厚生年金の分割

　離婚した場合、厚生年金保険の加入記録を夫婦で分割する仕組みが導入されています。

　この場合の分割には、「離婚時の厚生年金の分割」と「第3号の離婚時の厚生年金の分割」の2つの制度があります。

■離婚時の厚生年金の分割 （平成19年4月から）

　平成19年4月以後に離婚した場合、婚姻期間中の厚生年金保険の標準報酬総額の多い人から少ない人へ、その標準報酬総額を分割することができます。

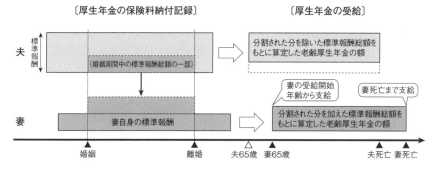

＊上記は、夫のほうが厚生年金保険の標準報酬総額が多い場合の事例となっています。

　分割の上限は、婚姻期間中の両者の標準報酬総額の合計額の半分まで、つまり、両者の標準報酬総額が同額になるまでとされています。

＊「婚姻期間中の標準報酬総額」は、婚姻期間中の一方の当事者の標準報酬月額および標準賞与額に、婚姻期間の末日に適用される再評価率をかけて合計したものです。

例えば、両者の厚生年金保険の標準報酬総額の合計額100％に対し、夫の標準報酬総額が70％、妻の標準報酬総額が30％の場合、50％から30％を差し引いた20％を上限にして夫から妻に分割されることになります。

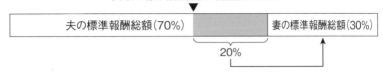

夫・妻の標準報酬総額の合計額の50％

| 夫の標準報酬総額（70％） | | 妻の標準報酬総額（30％） |

20％

●分割の請求

分割割合については、両者で協議して決め、離婚後2年以内に年金事務所に請求しますが、まとまらないときは、一方の申立てによって家庭裁判所が分割割合を定めることができます。

●分割の効果

分割が行われた後は、分割後の厚生年金保険の被保険者期間・標準報酬に基づいて、厚生年金保険の給付が行われます。ただし、分割によって厚生年金保険の被保険者期間とみなされた期間は、①特別支給の老齢厚生年金における1年以上の加入要件（42頁参照）および定額部分の額、②20年以上という老齢厚生年金の加給年金額の加算要件、③被保険者期間の月数が300未満である場合の特例（94頁参照）が適用されている障害厚生年金の額、④基礎年金の額には反映されないなどの例外があります。

＊分割によって厚生年金保険の被保険者期間とみなされた期間以外に厚生年金保険の被保険者期間がない人が102頁(4)の要件を満たして死亡した場合、対象となる遺族がいれば、遺族厚生年金が支給されることになります。

■第3号の離婚時の厚生年金の分割（平成20年4月から）

離婚した場合、平成20年4月以後の期間について、国民年金第2号被保険者の厚生年金保険の標準報酬を、その2分の1の額だけ、その被扶養配偶者である国民年金第3号被保険者に分割することができます。

第3号被保険者にとっては、この分割を受けた期間について、新たに厚生年金保険の「みなし加入期間」が発生することになります。

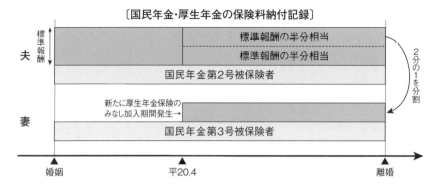

〔国民年金・厚生年金の保険料納付記録〕

夫

標準報酬

標準報酬の半分相当
標準報酬の半分相当

国民年金第2号被保険者

2分の1を分割

妻

新たに厚生年金保険の
みなし加入期間発生→

国民年金第3号被保険者

婚姻　　　　　　平20.4　　　　　　離婚

＊上記は、夫が国民年金第2号被保険者の場合の事例となっています。

●分割の請求

　73頁の「離婚時の厚生年金の分割」では当事者の合意または家庭裁判所の決定が必要ですが、この「第3号分割」では、第3号被保険者だった人の年金事務所への請求だけで分割が行われます。

＊第2号被保険者が、分割の対象期間の一部または全部を基礎にして額が計算される障害厚生年金の受給権者である場合、分割の請求は認められません。

＊73頁の「離婚時の厚生年金の分割」を請求した際に、その婚姻期間のうちに「第3号分割」の対象期間もあれば、同時に第3号分割も行われることになります（この場合、第3号分割を受けた後の両者の厚生年金保険の被保険者期間・標準報酬を前提にして、73頁の「離婚時の厚生年金の分割」が行われます）。

●分割の効果

　分割が行われた後は、分割後の厚生年金保険の被保険者期間・標準報酬に基づいて、厚生年金保険の給付が行われます。ただし、分割によって厚生年金保険の被保険者期間とみなされた期間は、①特別支給の老齢厚生年金における1年以上の加入要件（42頁参照）および定額部分の額、②20年以上という老齢厚生年金の加給年金額の加算要件、③被保険者期間の月数が300未満である場合の特例（94頁参照）が適用されている障害厚生年金の額、④基礎年金の額には反映されないなどの例外があります。

＊分割によって厚生年金保険の被保険者期間とみなされた期間以外に厚生年金保険の被保険者期間がない人が102頁(4)の要件を満たして死亡した場合、対象となる遺族がいれば、遺族厚生年金が支給されることになります。

7. 旧法の老齢年金

旧法の老齢年金は、大正15年4月1日以前に生まれた人または昭和61年3月までに受給権の発生した旧法の老齢給付の対象者に支給されます。

■旧国民年金法の老齢年金

大正15年4月1日以前に生まれた人などで国民年金の保険料を納めた期間と保険料を免除された期間が10年（平成29年7月までは25年）以上ある人には、65歳から旧国民年金法の老齢年金が支給されます。

●資格期間の短縮

国民年金の老齢年金の資格期間は、原則25年ですが、生年月日に応じて、右の表のように短縮されていました。

生年月日		期間
大正 5 年4月1日　以前		10年
大正 6 年4月1日　〃		11年
大正 7 年4月1日　〃		12年
大正 8 年4月1日　〃		13年
大正 9 年4月1日　〃		14年
大正 10 年4月1日　〃		15年
大正 11 年4月1日　〃		16年
大正 12 年4月1日　〃		17年
大正 13 年4月1日　〃		18年
大正 14 年4月1日　〃		19年
大正 15 年4月1日　〃		20年

●支給の繰上げ・繰下げ

老齢年金には、新法の老齢基礎年金と同様60歳から64歳までに受け始める繰上げ支給と、66歳以後に受け始める繰下げ支給があります。

●国民年金の老齢年金の年金額

老齢年金の年金額は次の式で計算します。

$$年金額＝2,606円×（保険料を納めた月数）$$
$$＋2,606円×（保険料を免除された月数）×\frac{1}{3}$$

＊大正5年4月1日以前に生まれた人に特例支給される老齢年金の額の計算では、上記の2,606円が3,910円となります。

付加保険料を納めた人には、次の額が加算されます。

200円×付加保険料納付月数

また、受給資格期間が短縮された人には、さらに次の額が加算されます。

$$1{,}009円×(300月-加入月数)×$$
$$\frac{(保険料を納めた月数)+(保険料を免除された月数)×\frac{1}{2}}{(加入月数)}$$

■旧厚生年金保険法の老齢年金

　大正15年4月1日以前に生まれた人などで、厚生年金保険の加入期間が20年以上あるか、40歳(女子・坑内員は35歳)以後15年以上ある人が60歳(坑内員は55歳)になったときには、旧厚生年金保険法の老齢年金が支給されます。

●厚生年金保険の老齢年金の年金額

　老齢年金の年金額は次の式で計算された基本年金額に加給年金額を加えた額になっています。

定額部分
$$3{,}181円×被保険者期間の月数$$

報酬比例部分
$$+平均標準報酬月額×\frac{9.5}{1000}×被保険者期間の月数$$

＊定額部分の加入期間の月数は、20年未満でも20年(240月)として計算され、35年を超えるときは35年(420月)として計算されます。

＊報酬比例部分は、本来の額(46頁参照)で計算しています。

●加給年金額

　年金を受けられるようになったとき、その人によって生計を維持されていた配偶者と子(18歳到達年度の末日までにあるか1級・2級の障害の状態にある子)がある場合に支給されます。

配　　偶　　者	234,800円
1人目・2人目の子	各234,800円
3人目以降の子	各　78,300円

8. 通算老齢年金

旧法の通算老齢年金は、公的年金各制度の加入期間が1年以上あるが、その制度から老齢（退職）年金を受けられない旧法の老齢給付の対象者が、次のいずれかに該当するときに支給されます。

(1) 通算対象期間を合算した期間が10年（平成29年7月までは25年）以上あること
(2) 国民年金以外の公的年金の通算対象期間が20年以上あること
(3) 他の公的年金制度の通算対象期間が、その制度の老齢（退職）年金を受けられるだけの資格期間を満たしていること
(4) 恩給法や地方公務員の退職年金に関する条例などによる年金給付を受けられること

■通算の対象となる期間

通算対象期間とは、昭和36年4月からの次のような期間です。

(1) 国民年金の保険料を納めた期間（任意加入の期間と免除された期間を含みます）
(2) 厚生年金保険、船員保険の加入期間（昭和36年4月以後に公的年金制度の加入期間がある場合には昭和36年3月前の期間も含まれ、脱退手当金を受けた期間は除かれます）
(3) 共済組合の加入期間（昭和36年4月に引き続いた場合は同月前の期間も含まれます）
(4) 厚生年金保険、共済組合などの加入者の配偶者で、国民年金に任意加入できる20歳以上60歳未満の人が任意加入しなかった期間（カラ期間）

■通算老齢年金の年金額

　通算年金は、それぞれの制度から、加入期間に見合った額が支給されます。その年金額の計算方法は、本来の老齢（退職）年金の計算方法と同じです。

　各年金制度の計算方法は、次のとおりです。

●国民年金

$2,606$円×保険料を納めた月数＋$2,606$円×保険料を免除された月数×$\frac{1}{3}$

　＋200円×付加保険料を納めた月数

＊明治44年4月1日以前に生まれた人については、上の$2,606$円が$3,910$円として計算されます。

●厚生年金保険

$3,181$円×被保険者期間の月数

　＋平均標準報酬月額×$\frac{9.5}{1000}$×被保険者期間の月数

●船員保険

$$\frac{763,490円＋平均標準報酬月額×\frac{19}{1500}×180月}{180月}×被保険者期間の月数$$

●共済組合

$$\frac{763,490円＋平均給与月額×\frac{9.5}{1000}×240月}{240月}×加入期間の月数$$

＊厚生年金保険と船員保険および共済組合から支給される報酬比例の年金額は、本来の額（46頁参照）で計算しています。

旧・老齢

◎外国人と海外在住者の年金加入

　日本に住所を有している人は、外国人であっても、後述の「社会保障協定」を締結している国の国籍をもっているなど特別な理由がなければ、原則として日本の年金制度に加入することになっています。

■短期在留外国人の脱退一時金

　国民年金または厚生年金保険の加入期間が６カ月以上あって、老齢基礎年金の受給資格のない外国人は、被保険者の資格を喪失し、日本国内に住所を有しなくなってから２年以内に請求を行えば、脱退一時金が支給されます。

●国民年金の場合

　脱退一時金を請求する前の直近の、国民年金の第１号被保険者の保険料を納付した月または一部免除等で保険料の一部を納付した月（「基準月」といいます）が、令和４年４月以後のときは、第１号被保険者としての保険料納付済期間等の月数（全額納付した月は１カ月、４分の１免除は４分の３カ月、半額免除は２分の１カ月、４分の３免除は４分の１カ月で計算され、これを「対象月数」といいます）に応じて支給額が決まります。

　脱退一時金の額は、基準月の属する年度における保険料の額に２分の１を乗じて得た額に、対象月数に応じて次表の数を乗じて得た額となります。

●基準月が令和６年４月から令和７年３月の場合

保険料納付済期間等の月数	支給額計算に用いる数	支給額
６月以上12月未満	6	50,940円
12月以上18月未満	12	101,880円
18月以上24月未満	18	152,820円
24月以上30月未満	24	203,760円
30月以上36月未満	30	254,700円
36月以上42月未満	36	305,640円
42月以上48月未満	42	356,580円
48月以上54月未満	48	407,520円
54月以上60月未満	54	458,460円
60月以上	60	509,400円

●厚生年金保険の場合

脱退一時金の額は、次の式で計算された額です。

平均標準報酬額×支給率

上記の「平均標準報酬額」は、厚生年金保険の被保険者期間中の標準報酬月額と標準賞与額の総額を被保険者期間の月数で割って算出されますが、再評価は行われません。なお、平成15年3月以前の被保険者期間がある場合には、平成15年3月以前の標準報酬月額に1.3をかけ、これと平成15年4月以後の標準報酬月額および標準賞与額とを合算して得た額を被保険者期間の月数で割って得た額となります。

また、「支給率」は、最後に厚生年金保険の被保険者の資格を喪失した月の前月（「最終月」といいます）の属する年の前年10月の保険料率（最終月が1月から8月までのときは前々年10月の保険料率）の2分の1の率に、被保険者期間の月数に応じて定められた次の表の数をかけて得た率となります。

●最終月が令和6年4月以降の場合

被保険者であった期間	支給額計算に用いる数	支給率
6月以上12月未満	6	0.5
12月以上18月未満	12	1.1
18月以上24月未満	18	1.6
24月以上30月未満	24	2.2
30月以上36月未満	30	2.7
36月以上42月未満	36	3.3
42月以上48月未満	42	3.8
48月以上54月未満	48	4.4
54月以上60月未満	54	4.9
60月以上	60	5.5

外国人等

●日本に永住する意思がある人の場合

31頁の(5)のように、日本国籍を取得した人または永住許可を受けた人などの昭和36年4月から日本国籍を取得した日などの前日までの20歳以上60歳未満の海外在住期間は、「カラ期間」として老齢基礎年金の資格期間に算入されます。

そのため、日本に永住する可能性やその意思がある人については、前記の脱退一時金の請求には注意が必要です。

■社会保障協定と海外在留者等の年金加入

原則として、海外在留の日本人は、日本と在留国の双方の国の年金制度に加入し、日本在留の外国人は、自国と日本の双方の国の年金制度に加入することになっています。

これが、相手国がドイツ、イギリス、韓国、アメリカ、ベルギー、フランス、カナダ、オーストラリア、オランダ、チェコ、スペイン、アイルランド、ブラジル、スイス、ハンガリー、インド、ルクセンブルク、フィリピン、スロバキア、中国、フィンランド、スウェーデン、イタリアの場合、社会保障協定が締結されたことによって、派遣されて就労し、かつ、短期間（多くの場合5年以内）の就労であれば、自国（派遣元）の年金制度のみに加入すればよいことになっています。

＊将来は、他の複数の諸国について同じ扱いになる予定です。

●保険料掛け捨ての防止

外国の年金制度に加入しても、その加入期間のみでは必要期間を満たせず、保険料が掛け捨てになってしまうことがあります。

そこで、協定では、お互いに相手の国の年金制度の加入期間を自国の期間とみなして、通算して期間を計算することにより、年金受給権の確保が可能となっています（イギリス、韓国、中国およびイタリアを除く）。

＊外国の年金制度加入期間中に生じた事故について、日本の年金制度に加入中に起きたものとみなして障害年金、遺族年金を支給する道も開かれています。

●年金の各種手続について

また、協定では、協定を締結した両国の窓口でお互いに相手国の年金請求書を受理して、相手国に送付することとされています。これにより、受給者は、協定相手国の年金の裁定請求に相当する手続きなどの各種申請手続きを、居住国の年金保険者の窓口で行うことが可能となっています（イギリス、韓国、中国およびイタリアを除く）。また、年金請求書などの用紙についても各国の窓口に依頼してダウンロードしてもらえる仕組みも用意されています。

詳細については、日本年金機構のホームページまたは**ねんきんダイヤル**（120頁参照）で確認してください。

9. 企業年金・個人年金制度

日本の年金制度は、3階建ての構造となっています。1・2階部分の公的年金が老後生活の基本を支え、3階部分の企業年金・個人年金が老後生活の多様なニーズに応える役割を担っています。

■企業年金

企業年金は、公的年金に上乗せする3階部分の年金で企業が従業員のために実施する制度です。

●確定給付企業年金（DB）

確定給付企業年金は、あらかじめ加入者が将来受け取る年金給付の算定方法が決まっており、将来的な給付額を保証する制度です。掛金負担は原則として事業主拠出（加入者も事業主掛金を超えない範囲で拠出可能）です。

実施企業の厚生年金被保険者が加入でき、支給開始時期は規約で定める60歳〜70歳の年齢到達時または50歳以上の退職時となります。

●厚生年金基金

厚生年金基金は、厚生年金の給付の一部を国に代わって行い（代行給付）、基金独自の給付を上乗せして行う確定給付型の制度です。

平成25年の法律改正により、平成26年4月以降の新設は認められず、他の企業年金制度への移行等が行われています。

●確定拠出年金（企業型）

確定拠出年金（企業型）は、加入者本人が運用指図を行い、その実績により年金給付額が決定する制度です。掛金負担は原則として事業主拠出（加入者も事業主掛金を超えない範囲で拠出可能）です。

実施企業の厚生年金被保険者が加入でき、支給開始は60歳〜75歳[注1]の請求時からとなります。原則として、支給開始年齢到達前の中途引き出しはできません。

■個人年金制度

個人年金制度は、個人が自ら加入する制度です。

●国民年金基金

国民年金基金は、自営業者などの第1号被保険者を対象にして、老齢基礎年金に上乗せする年金を支給する確定給付型の制度です。

基金に加入した人は、国民年金本体の保険料とは別に、基金の掛金を納めることになります。

基金の掛金の額は、加入員が、希望する年金額を将来受け取ることができるように選択した「給付の型」や「加入口数」などに応じて決まります。

●確定拠出年金（個人型）iDeCo

確定拠出年金（個人型）iDeCoは、加入者本人が掛金を拠出して運用し、その実績により年金給付額が決定する制度です。

国民年金被保険者[注2]であれば加入することができます。支給開始は60歳～75歳[注1]の請求時からとなります。

原則として、支給開始年齢到達前の中途引き出しはできません。

注1）60歳未満の加入等の期間が10年に満たない場合は、その期間に応じた年齢以降で請求することができます。

　2）国民年金被保険者の資格は、①第1号被保険者：60歳未満、②第2号被保険者：65歳未満、③第3号被保険者：60歳未満、④任意加入被保険者：保険料納付済期間等が480月未満であれば65歳未満　となっています。

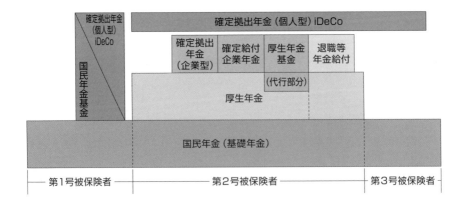

障害者になったときの給付

　公的年金に加入中に初診日のある病気・けがで障害の状態になったときには、すべての人を対象にして1級または2級の障害基礎年金が支給されます。

　また、厚生年金保険の被保険者期間中に初診日のある病気・けがで障害の状態になったときには、障害基礎年金に上乗せの1級または2級の障害厚生年金が支給され、それより軽い障害の状態のときには3級の障害厚生年金または障害手当金（一時金）が厚生年金保険から独自に支給されます。

　これを表に示すと、障害の程度と、障害の原因となった病気・けがの初診日において、国民年金のみに加入していたか、または厚生年金保険に加入していたかによって、年金の支給の形は次のとおりとなります。

障害の程度	初診日に国民年金のみに加入	初診日に厚生年金保険に加入
1級	1級の障害基礎年金	1級の障害基礎年金＋1級の障害厚生年金
2級	2級の障害基礎年金	2級の障害基礎年金＋2級の障害厚生年金
3級	——	3級の障害厚生年金
3級より軽い	——	障害手当金（一時金）

＊障害の程度は、1級より2級、2級より3級のほうが、それぞれ軽くなります。

■障害給付の請求先——初診日に加入中の年金制度に応じて、

・国民年金の第1号被保険者（任意加入者、初診日に20歳未満の人および60歳以上65歳未満の老齢基礎年金待機者を含む）——住所地の市区役所・町村役場
・国民年金の第3号被保険者——住所地を管轄する年金事務所
・厚生年金保険の被保険者——事業所を管轄する年金事務所

＊障害給付の請求には、年金請求書のほか、医師が記載する診断書などの書類（年金事務所、市区役所・町村役場に用意されています）を提出する必要があります。

障害給付

1. 障害基礎年金

　障害基礎年金は、国民年金に加
入中に初診日のある病気・けがで
1級または2級の障害の状態にな
ったときに支給されます。
　ただし、60歳以上65歳未満で
日本国内に住んでいれば、加入を
やめた後の病気・けがによるもの
でも受けられます。

■障害認定日

　障害の程度を定めるべき日のことで、障害の原因となった病気・けがについ
て、初めて医者にかかった日（初診日）から1年6カ月を経過した日か、その
期間内に治った日（症状が固定した日を含む）とされています。

■障害の程度

　障害基礎年金を支給すべき障害の範囲を定めた**障害等級表**は、政令により88
頁のように定められています。
●障害認定日に軽い障害がその後重くなったとき
　障害認定日に障害等級表で定める障害の状態になかった人が、その後65歳
になるまでの間にその障害が悪化し、障害等級表で定める障害の状態になった
ときは、本人の請求により、**事後重症の障害基礎年金**が支給されます。

■必要な保険料納付要件

　障害基礎年金を受けるには、初診日が20歳未満である場合を除き、初診日
において、国民年金に加入しているか、加入を終えた後でも60歳以上65歳未
満で日本国内に住んでいることが必要です。

さらに、初診日の前日において、初診日のある月の前々月までの**国民年金に加入しなければならない期間**[注]のうち、3分の2以上の期間が、①保険料を納めた期間または②保険料を免除された期間のいずれかであるという**保険料納付要件**を満たすことが必要です。

注)「国民年金に加入しなければならない期間」からは、海外在住の日本人が国民年金に任意加入できるのに任意加入しなかった期間などの31頁の「カラ期間（合算対象期間）」は除かれます。

＊国民年金の第2号・第3号被保険者期間も上記①の「保険料を納めた期間」になります。

＊上記②の「保険料を免除された期間」は、全額免除のほか、4分の1免除、半額免除、4分の3免除および納付猶予制度または学生納付特例による保険料猶予の月数を合計したものです。

＊上記の3分の2の条件を満たせなくとも、令和8年4月1日前に65歳未満の初診日があるときには、初診日の前日において、初診日のある月の前々月までの1年間に保険料の未納期間がなければ障害基礎年金が支給されます。

■20歳前の病気・けがで障害者になった場合

　国民年金加入前の20歳前に初診日がある場合には、20歳になったとき（障害認定日が20歳以後のときは障害認定日）に障害等級表で定める障害の状態になっていれば、**20歳前の病気・けがによる障害基礎年金**が支給されます。

　なお、20歳前の病気・けがによる障害基礎年金は、受給者本人に一定額以上の所得がある場合、その額などに応じて全額または半額の年金が支給停止されます。

●障害等級表

障害の程度	障害の状態
〈1級〉1	次に掲げる視覚障害 イ　両眼の視力がそれぞれ0.03以下のもの ロ　1眼の視力が0.04、他眼の視力が手動弁以下のもの ハ　ゴールドマン型視野計による測定の結果、両眼のⅠ／4視標による周辺視野角度の和がそれぞれ80度以下かつⅠ／2視標による両眼中心視野角度が28度以下のもの ニ　自動視野計による測定の結果、両眼開放視認点数が70点以下かつ両眼中心視野視認点数が20点以下のもの
2	両耳の聴力レベルが100デシベル以上のもの
3	両上肢の機能に著しい障害を有するもの
4	両上肢の全ての指を欠くもの
5	両上肢の全ての指の機能に著しい障害を有するもの
6	両下肢の機能に著しい障害を有するもの
7	両下肢を足関節以上で欠くもの
8	体幹の機能に座っていることができない程度又は立ち上がることができない程度の障害を有するもの
9	前各号に掲げるもののほか、身体の機能の障害又は長期にわたる安静を必要とする病状が前各号と同程度以上と認められる状態であって、日常生活の用を弁ずることを不能ならしめる程度のもの
10	精神の障害であって、前各号と同程度以上と認められる程度のもの
11	身体の機能の障害若しくは病状又は精神の障害が重複する場合であって、その状態が前各号と同程度以上と認められる程度のもの
〈2級〉1	次に掲げる視覚障害 イ　両眼の視力がそれぞれ0.07以下のもの ロ　1眼の視力が0.08、他眼の視力が手動弁以下のもの ハ　ゴールドマン型視野計による測定の結果、両眼のⅠ／4視標による周辺視野角度の和がそれぞれ80度以下かつⅠ／2視標による両眼中心視野角度が56度以下のもの ニ　自動視野計による測定の結果、両眼開放視認点数が70点以下かつ両眼中心視野視認点数が40点以下のもの
2	両耳の聴力レベルが90デシベル以上のもの
3	平衡機能に著しい障害を有するもの
4	そしゃくの機能を欠くもの
5	音声又は言語機能に著しい障害を有するもの
6	両上肢のおや指及びひとさし指又は中指を欠くもの
7	両上肢のおや指及びひとさし指又は中指の機能に著しい障害を有するもの
8	1上肢の機能に著しい障害を有するもの
9	1上肢の全ての指を欠くもの

10	1上肢の全ての指の機能に著しい障害を有するもの
11	両下肢の全ての指を欠くもの
12	1下肢の機能に著しい障害を有するもの
13	1下肢を足関節以上で欠くもの
14	体幹の機能に歩くことができない程度の障害を有するもの
15	前各号に掲げるもののほか、身体の機能の障害又は長期にわたる安静を必要とする病状が前各号と同程度以上と認められる状態であって、日常生活が著しい制限を受けるか、又は日常生活に著しい制限を加えることを必要とする程度のもの
16	精神の障害であって、前各号と同程度以上と認められる程度のもの
17	身体の機能の障害若しくは病状又は精神の障害が重複する場合であって、その状態が前各号と同程度以上と認められる程度のもの

＊視力の測定は、万国式試視力表によるものとし、屈折異常があるものについては、矯正視力によって測定する。

年金額

- ●1級障害基礎年金
  1,020,000円・月額85,000円（既裁定者は1,017,125円・月額84,760円）
- ●2級障害基礎年金
  816,000円・月額68,000円（既裁定者は813,700円・月額67,808円）
  ＊昭和31年度生まれは新規裁定者と同額。

障害基礎年金の額は定額で、障害等級の2級に該当する人は816,000円・月額68,000円（昭和32年4月2日以後生まれの新規裁定者の額。既裁定者は813,700円・月額67,808円、ただし昭和31年度生まれの既裁定者は816,000円・月額68,000円）、1級に該当する人はその1.25倍の1,020,000円・月額85,000円（昭和32年4月2日以後生まれの新規裁定者の額。既裁定者は1,017,125円・月額84,760円、ただし昭和31年度生まれの既裁定者は1,020,000円・月額85,000円）となっています。

●子の加算

障害基礎年金を受ける人に生計を維持されている子がいるときは、次頁の表の額が加算されます。

障害給付

＊子は、18歳到達年度の末日までにある子または20歳未満で1級・2級の障害の子
に限られます。

加算対象の子	加算額
1人目・2人目（1人につき）	各234,800円（月額19,566円）
3人目以降（1人につき）	各 78,300円（月額 6,525円）

　この加算の対象は、これまで障害基礎年金を受ける資格を得たときに生計を
維持されていた子に限られていましたが、平成23年4月から、年金を受ける
資格を得た後に生計を維持することになった子も対象となっています。

＊平成23年4月前に生計を維持されることになった子も、平成23年4月から、加算
の対象となっています。

■障害の程度が変わったとき

(1) 障害の程度が、障害基礎年金を受けている間に重くなったり軽くなったり
　　したときは、受給者が提出する障害状態確認届または受給者の請求により、
　　年金額が改定されます。

　　＊障害の程度が重くなったときの受給者の請求は、原則として、障害基礎年金の受
　　　給権を取得した日または額改定の審査を受けた日から1年を経過した日後でなけ
　　　れば行えませんが、平成26年4月から、障害の程度が明らかに増進したことが
　　　確認できる場合には、1年以内であっても行えます。

(2) 障害が軽くなり障害等級表にあてはまらなくなったときは、支給が停止さ
　　れます。また、障害厚生年金の障害等級の3級（92頁参照）にもあてはま
　　らないまま65歳になると（65歳になったときに3年を経過していないとき
　　は3年を経過したとき）、障害基礎年金を受ける権利がなくなります。

2. 障害厚生年金・障害手当金

障害厚生年金は、厚生年金保険の被保険者期間中に初診日のある病気・けがで、障害基礎年金に該当する障害（1級・2級）が生じたときに、障害基礎年金に上乗せする形で支給されます。

障害基礎年金に該当しない程度の障害でも、厚生年金保険の障害等級表に該当するときは、独自の障害厚生年金（3級）または障害手当金（一時金）が支給されます。

■被保険者期間中の障害に支給

厚生年金保険に加入している間に初診日がある病気・けがで、障害基礎年金の1級または2級に該当する障害の状態になったときは、障害基礎年金に上乗せする形で、障害厚生年金（1級・2級）が支給されます。障害の程度が障害基礎年金に該当しない場合でも障害等級表の3級に該当する障害の状態になったときは、厚生年金保険独自の障害厚生年金（3級）が支給されます。

また、厚生年金保険に加入している間にかかった病気・けがが5年以内に治り（症状が固定した場合を含む）、3級の障害よりやや軽い程度の障害が残ったときは、障害手当金（一時金）が支給されます。

なお、障害厚生年金・障害手当金を受けるためには、86頁の**障害基礎年金の保険料納付要件**を満たしていることが必要です。厚生年金保険の被保険者期間は国民年金の保険料納付済期間とみなされますので、国民年金の保険料を滞納していた人が厚生年金保険に加入直後に病気・けがをしたような場合でない限り、保険料納付要件は満たしていることになります。

■障害の程度

障害の程度を定めた障害等級表は、1級および2級については障害基礎年金と同じ障害等級（88頁参照）が、3級および障害手当金については厚生年金保険独自の障害等級が定められています。

●障害認定日に軽い障害がその後重くなったとき

障害認定日に障害等級表で定める障害の状態になかった人が、その後65歳になるまでの間にその障害が悪化し、障害等級表で定める3級以上の障害の状態になったときは、本人の請求により、**事後重症の障害厚生年金**が支給されます。

●障害等級表〈3級─厚生年金保険〉

障害の程度	障　害　の　状　態
1	次に掲げる視覚障害 イ　両眼の視力がそれぞれ0.1以下に減じたもの ロ　ゴールドマン型視野計による測定の結果、両眼のⅠ／4視標による周辺視野角度の和がそれぞれ80度以下に減じたもの ハ　自動視野計による測定の結果、両眼開放視認点数が70点以下に減じたもの
2	両耳の聴力が、40センチメートル以上では通常の話声を解することができない程度に減じたもの
3	そしゃく又は言語の機能に相当程度の障害を残すもの
4	脊柱の機能に著しい障害を残すもの
5	1上肢の3大関節のうち、2関節の用を廃したもの
6	1下肢の3大関節のうち、2関節の用を廃したもの
7	長管状骨に偽関節を残し、運動機能に著しい障害を残すもの
8	1上肢のおや指及びひとさし指を失ったもの又はおや指若しくはひとさし指を併せ1上肢の3指以上を失ったもの
9	おや指及びひとさし指を併せ1上肢の4指の用を廃したもの
10	1下肢をリスフラン関節以上で失ったもの
11	両下肢の10趾の用を廃したもの
12	前各号に掲げるもののほか、身体の機能に、労働が著しい制限を受けるか、又は労働に著しい制限を加えることを必要とする程度の障害を残すもの
13	精神又は神経系統に、労働が著しい制限を受けるか、又は労働に著しい制限を加えることを必要とする程度の障害を残すもの
14	傷病が治らないで、身体の機能又は精神若しくは神経系統に、労働が制限を受けるか、又は労働に制限を加えることを必要とする程度の障害を有するものであって、厚生労働大臣が定めるもの

〈障害手当金（一時金）―厚生年金保険〉

障害の程度	障 害 の 状 態
1	両眼の視力がそれぞれ0.6以下に減じたもの
2	1眼の視力が0.1以下に減じたもの
3	両眼のまぶたに著しい欠損を残すもの
4	両眼による視野が2分の1以上欠損したもの、ゴールドマン型視野計による測定の結果、I／2視標による両眼中心視野角度が56度以下に減じたもの又は自動視野計による測定の結果、両眼開放視認点数が100点以下若しくは両眼中心視野視認点数が40点以下に減じたもの
5	両眼の調節機能及び輻輳機能に著しい障害を残すもの
6	1耳の聴力が、耳殻に接しなければ大声による話を解することができない程度に減じたもの
7	そしゃく又は言語の機能に障害を残すもの
8	鼻を欠損し、その機能に著しい障害を残すもの
9	脊柱の機能に障害を残すもの
10	1上肢の3大関節のうち、1関節に著しい機能障害を残すもの
11	1下肢の3大関節のうち、1関節に著しい機能障害を残すもの
12	1下肢を3センチメートル以上短縮したもの
13	長管状骨に著しい転位変形を残すもの
14	1上肢の2指以上を失ったもの
15	1上肢のひとさし指を失ったもの
16	1上肢の3指以上の用を廃したもの
17	ひとさし指を併せ1上肢の2指の用を廃したもの
18	1上肢のおや指の用を廃したもの
19	1下肢の第1趾又は他の4趾以上を失ったもの
20	1下肢の5趾の用を廃したもの
21	前各号に掲げるもののほか、身体の機能に、労働が制限を受けるか、又は労働に制限を加えることを必要とする程度の障害を残すもの
22	精神又は神経系統に、労働が制限を受けるか、又は労働に制限を加えることを必要とする程度の障害を残すもの

（備考）
1　視力の測定は、万国式試視力表によるものとし、屈折異常があるものについては、矯正視力によって測定する。
2　指を失ったものとは、おや指は指節間関節、その他の指は近位指節間関節以上を失ったものをいう。
3　指の用を廃したものとは、指の末節の半分以上を失い、又は中手指節関節若しくは近位指節間関節（おや指にあっては指節間関節）に著しい運動障害を残すものをいう。
4　趾を失ったものとは、その全部を失ったものをいう。〔障害手当金のみ〕
5　趾の用を廃したものとは、第一趾は末節の半分以上、その他の趾は遠位趾節間関節以上を失ったもの又は中足趾節関節若しくは近位趾節間関節（第一趾にあっては趾節間関節）に著しい運動障害を残すものをいう。

年金額

障害厚生年金・障害手当金（一時金）の額は、報酬比例の年金額に一定の率をかけた額です。

また、1級・2級の障害厚生年金には、配偶者の加給年金額が加算されます。

障害厚生年金・障害手当金（一時金）は次の報酬比例の年金額の式で計算されます。2級と3級の障害厚生年金ではこの式に率をかけませんが、1級の障害厚生年金では1.25の率をかけ、障害手当金では2.0の率をかけて計算します。なお、この式は、平成15年3月以前の被保険者期間と、同年4月以後の被保険者期間の2つの期間をもつ人の**本来の額**（46頁参照）の式です。

$$\underbrace{\left(\begin{array}{c}\text{平均標準}\\\text{報酬月額}\end{array}\right) \times \frac{7.125}{1000} \times \left[\begin{array}{c}\text{平15年3月以前}\\\text{の被保険者}\\\text{期間の月数}\end{array}\right]}_{\text{平成15年3月以前の期間に係る報酬比例の年金額}}$$

$$+$$

$$\underbrace{\left(\begin{array}{c}\text{平均標準}\\\text{報酬額}\end{array}\right) \times \frac{5.481}{1000} \times \left[\begin{array}{c}\text{平15年4月以後}\\\text{の被保険者}\\\text{期間の月数}\end{array}\right]}_{\text{平成15年4月以後の期間に係る報酬比例の年金額}}$$

また、この式には、49頁の「総報酬制と2つの計算式」および「平均標準報酬月額と平均標準報酬額」が適用されます。

＊障害認定日の属する月後の被保険者期間は計算の対象とされません。

＊額の計算の基礎となる被保険者期間の月数が300未満である場合、「300÷実際の被保険者期間の月数」をかけて、全体を300月分に増額します。

●配偶者の加給年金額

1級・2級の障害厚生年金を受ける人に生計を維持されている配偶者がいるときは、234,800円（月額19,566円）の加給年金額が支給されます。

この加算の対象は、これまで1級・2級の障害厚生年金を受ける資格を得たときに生計を維持されていた配偶者に限られていましたが、平成23年4月から、

年金を受ける資格を得た後に生計を維持することになった配偶者も対象となっています。

＊平成23年4月前に生計を維持されることになった配偶者も、平成23年4月から、加算の対象となっています。

＊51頁の老齢厚生年金の配偶者加給年金額の「配偶者が65歳になるまで支給」と同じ規定（「特別加算」を除く）が、障害厚生年金の配偶者加給年金額にも適用されます。

■障害厚生年金等の支給の形と額

障害厚生年金・障害手当金（一時金）の基本的な支給の形と年金額（支給額）は、障害基礎年金を含めて次のとおりです（昭和31年度生まれの既裁定者は新規裁定者と同額）。

厚生年金保険に加入中に初診日のある病気・けがで1級・2級の障害の状態になったときには障害基礎年金（子の加算額を含みます）に上乗せする形で障害厚生年金が支給され、3級の障害厚生年金と障害手当金（一時金）は、厚生年金保険から単独で支給されます。

●1級

障害厚生年金	報酬比例の年金額×1.25
配偶者加給年金額	（234,800円）
障害基礎年金	1,020,000円 （既裁定者は1,017,125円）
子の加算額	（1人目・2人目 各234,800円、 3人目以降 各78,300円）

●2級

障害厚生年金	報酬比例の年金額
配偶者加給年金額	（234,800円）
障害基礎年金	816,000円 （既裁定者は813,700円）
子の加算額	（1人目・2人目 各234,800円、 3人目以降 各78,300円）

●3級

障害厚生年金	報酬比例の年金額

＊3級の障害厚生年金には、612,000円・月額51,000円（既裁定者は610,300円・月額50,858円）の最低保障額が設けられています。

●障害手当金（一時金）

障害手当金	報酬比例の年金額×2.0

＊障害手当金には、1,224,000円（既裁定者は1,220,600円）の最低保障額が設けられています。

■65歳以後の1級・2級の障害厚生年金

　65歳以上の厚生年金保険の被保険者が老齢厚生年金等を受けられると国民年金の第2号被保険者になれない（9頁参照）ため、これらの人が65歳以後に初診日がある病気やけがで1級・2級の障害の状態になったときは障害基礎年金が支給されず、1級・2級の障害厚生年金のみが支給されます。

　そこで、障害基礎年金を受けられない65歳以後の1級・2級の障害厚生年金には、平成17年4月から3級と同額の612,000円・月額51,000円（昭和32年4月2日以後生まれの新規裁定者の額。既裁定者は610,300円・月額50,858円。ただし、昭和31年度生まれの既裁定者は612,000円・月額51,000円）の最低保障額が設けられています。

■障害基礎年金と上乗せの老齢厚生年金等

　障害基礎年金に上乗せして支給されるのは障害厚生年金のみですが、65歳以上であれば老齢厚生年金、遺族厚生年金についても、障害基礎年金に上乗せして支給されます。

＊2つ以上の厚生年金を障害基礎年金に上乗せして受けられる人は、1つの厚生年金を選択することになります。

■障害の程度が変わったとき

(1)　障害の程度が、障害厚生年金を受けている間に重くなったり軽くなったりしたときは、受給者が提出する障害状態確認届または受給者の請求により、年金額が改定されます。

　＊障害の程度が重くなったときの受給者の請求は、原則として、障害厚生年金の受給権を取得した日または額改定の審査を受けた日から1年を経過した日後でなければ行えませんが、平成26年4月から、障害の程度が明らかに増進したことが確認できる場合には、1年以内であっても行えます。

(2)　障害が軽くなり障害等級表にあてはまらなくなったときは、支給が停止されます。また、3級にもあてはまらないまま65歳になると（65歳になったときに3年を経過していないときは3年を経過したとき）、障害厚生年金を受ける権利がなくなります。

遺族のための給付

　公的年金加入者または加入したことがある人が死亡した場合、遺族となった、子のある配偶者または子に対して遺族基礎年金が支給されます。

　また、厚生年金保険の被保険者または被保険者であった人が死亡した場合、遺族となった、子のある配偶者または子のほか、遺族となったその他の遺族にも遺族厚生年金が支給されます。

　一方、自営業者等の国民年金の第１号被保険者または第１号被保険者であった人が死亡した場合、遺族基礎年金が支給されないその他の遺族に対して、寡婦年金または死亡一時金が支給されます。

　これを表に示すと、死亡した人が国民年金のみに加入していたか、または厚生年金保険に加入していたかによって、年金支給の形は次のとおりとなります。

遺族の種類	国民年金のみに加入	厚生年金保険に加入
子のある配偶者	遺族基礎年金	遺族基礎年金＋遺族厚生年金
子	遺族基礎年金	遺族基礎年金＋遺族厚生年金
その他の遺族	寡婦年金または死亡一時金	遺族厚生年金

＊遺族には、年齢による制限が設けられています。

■遺族給付の請求先——死亡した人が加入していた年金制度に応じて、

・国民年金の第１号被保険者（任意加入者を含む）——住所地の市区役所・町村役場
・国民年金の第３号被保険者——住所地を管轄する年金事務所
・厚生年金保険の被保険者——事業所を管轄する年金事務所

遺族給付

97

1. 遺族基礎年金

遺族基礎年金は、死亡した人が次のいずれかに該当する場合に支給されます。

(1) 国民年金に加入中に死亡したとき

(2) 加入をやめた後でも60歳以上65歳未満で日本国内に住んでいたこと

(3) 資格期間が25年以上ある老齢基礎年金を受けていたこと

(4) 老齢基礎年金の資格期間が25年以上あること

ただし、(1)、(2) の人は一定の保険料納付要件を満たしていなければなりません。

■必要な保険料納付要件

遺族基礎年金は、①国民年金に加入している人、②加入を終えた後でも60歳以上65歳未満で日本国内に住んでいる人、③資格期間が25年以上ある老齢基礎年金を受けている人、④老齢基礎年金の資格期間が25年以上ある人が亡くなった場合に支給されます。

ただし、①、②の場合、死亡日の前日において、死亡日のある月の前々月までの**国民年金に加入しなければならない期間**[注]のうち、3分の2以上の期間が、①保険料を納めた期間または②保険料を免除された期間のいずれかであるという**保険料納付要件**を満たすことが必要です。

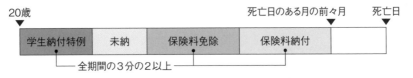

注）「国民年金に加入しなければならない期間」からは、海外在住の日本人が国民年金に任意加入できるのに任意加入しなかった期間などの31頁の「カラ期間（合算対象期間）」は除かれます。

＊国民年金の第2号・第3号被保険者の期間も前記①の「保険料を納めた期間」になります。

＊前記②の「保険料を免除された期間」は、全額免除のほか、4分の1免除、半額免除、4分の3免除および納付猶予制度または学生納付特例による保険料納付猶予の月数を合計したものです。

＊前記の3分の2の条件を満たせなくとも、令和8年4月1日前に65歳未満の死亡日があるときには、死亡日の前日において、死亡日のある月の前々月までの1年間に保険料の未納期間がなければ遺族基礎年金が支給されます。

■受けられる遺族

遺族基礎年金は、死亡した人に生計を維持されていた次の遺族に支給されます。

(1) 死亡した人の配偶者であって、子と生計を同一にしている人

(2) 死亡した人の子

ただし、子に対する遺族基礎年金は、配偶者が遺族基礎年金を受けている間、または生計を同じくするその子の父または母がいるときは、支給停止されます。

＊配偶者は、平成26年4月1日前に死亡日があるときには、妻とされます（夫は対象外）。

＊配偶者には、婚姻の届出をしていなくても、事実上婚姻関係と同様の事情にある人も含まれます。

＊子は、18歳到達年度の末日までにある子または20歳未満で1級・2級の障害の子に限られます。

＊子は、死亡した人の実子または届出を済ませた養子に限られます。

年金額

遺族基礎年金の額は定額で、816,000円・月額68,000円（既裁定者は813,700円・月額67,808円）に子の加算額を加えた額です。

●配偶者が受ける遺族基礎年金の額

遺族基礎年金の額は定額であり、配偶者が受ける場合は816,000円・月額68,000円（配偶者が昭和32年4月2日以後生まれの新規裁定者の場合。既裁定者は813,700円・月額67,808円、ただし昭和31年度生まれの既裁定者は816,000円・月額68,000円）に子の加算額を加えた額になります。

	基 本 額	加 算 額	合　　計
子が1人のとき	816,000円	234,800円	1,050,800円(月額 87,566円)
配偶者が既裁定者	813,700円	234,800円	1,048,500円(月額 87,375円)
子が2人のとき	816,000円	469,600円	1,285,600円(月額107,133円)
配偶者が既裁定者	813,700円	469,600円	1,283,300円(月額106,941円)
子が3人のとき	816,000円	547,900円	1,363,900円(月額113,658円)
配偶者が既裁定者	813,700円	547,900円	1,361,600円(月額113,466円)

＊子が4人以上いる配偶者の場合は、「子が3人のとき」の額に1人につき78,300円を加算します。

●子が受ける遺族基礎年金の額

子が受ける場合には、子が1人のときは816,000円（月額68,000円）で、子が2人以上いるときは、2人目以降の子の加算額を加え、年金を受ける子の数で割った額の1円未満の端数を四捨五入した額が1人当たりの額になります。

	基 本 額	加 算 額	合　　計	1人当たりの額
1人のとき	816,000円	0円	816,000円	816,000円(月額68,000円)
2人のとき	816,000円	234,800円	1,050,800円	525,400円(月額43,783円)
3人のとき	816,000円	313,100円	1,129,100円	376,367円(月額31,363円)

＊4人以上のときは、「3人のとき」の額に1人につき78,300円を加算し、人数で割った額の1円未満の端数を四捨五入した額です。

■遺族基礎年金の失権

　遺族基礎年金を受けている人が、次のいずれかに該当すると、遺族基礎年金を受ける権利がなくなります。

(1) 死亡したとき

(2) 婚姻したとき（事実婚を含む）

(3) 直系血族または直系姻族以外の養子（事実上養子縁組と同様の事情にある者を含む）となったとき

●配偶者が受けている遺族基礎年金の失権

　上記のほか、すべての子が次のいずれかに該当すると、受ける権利がなくなります。

(4) 死亡したとき

(5) 婚姻したとき（事実婚を含む）

(6) 死亡した人の配偶者以外の人の養子（事実上養子縁組と同様の事情にある者を含む）となったとき

(7) 養子縁組により死亡した人の養子となっていた子が、離縁したとき

(8) 死亡した人の配偶者と生計を同じくしなくなったとき

(9) 18歳到達年度の末日に至ったとき（1級・2級の障害の状態にある場合を除く）

(10) 1級・2級の障害の状態にある子が、その状態がやんだとき（18歳到達年度の末日までにあるときを除く）

(11) 1級・2級の障害の状態にある子が20歳になったとき

●子が受けている遺族基礎年金の失権

　上記(1)～(3)のほか、上記(7)、(9)、(10)、(11)のいずれかに該当すると、受ける権利がなくなります。

＊配偶者が受けている遺族基礎年金は子の数に増減があったときに、また子の受けている遺族基礎年金は受けられる子の数に増減があったときに、それぞれ増減のあった日の翌月から年金額が改定されます。

遺族給付

2. 遺族厚生年金

遺族厚生年金は、死亡した人が次のいずれかに該当する場合に支給されます。

(1) 被保険者期間中に死亡したとき

(2) 被保険者期間中に初診日のある病気・けがで5年以内に死亡したとき

(3) 1級・2級の障害厚生年金の受給権者が死亡したとき

(4) 資格期間が25年以上ある受給権者または資格期間が25年以上ある厚生年金保険の被保険者が死亡したとき

■被保険者が死亡したときなどに支給

遺族厚生年金は、上記の(1)〜(4)に該当する人が死亡したときに支給されますが、(1) または (2) の人については、死亡した月の前々月までに国民年金の被保険者期間がある場合は98頁の**遺族基礎年金の保険料納付要件**を満たす必要があります。

●短期と長期の遺族厚生年金

上記 (1) 〜 (3) により支給されるときは**短期の遺族厚生年金**、上記の (4) により支給されるときは**長期の遺族厚生年金**と呼ばれます。短期では、死亡した人の被保険者期間の月数が300未満である場合、「300÷実際の被保険者期間の月数」をかけて、年金額を300月分に増やします。長期では、年金額が実際の被保険者期間で計算されます。また、死亡した人が昭和21年4月1日以前生まれのときは、長期では支給乗率が死亡した人の生年月日に応じて引き上げられます（104頁参照）。

短期、長期のいずれにも該当するときは短期のものとされますが、年金の請求のときに遺族が希望すれば長期のものとされます。

●複数の種別の厚生年金保険の期間があるときの長期の遺族厚生年金

21頁の第1号から第4号までの複数の種別の加入期間があるときの長期の遺族厚生年金は、各実施機関が支給の決定と支払いを行います（22頁参照）。

■受けられる遺族

遺族厚生年金は、死亡した人に生計を維持されていた次の遺族に支給されます。

(1) 配偶者（妻には年齢制限はないが、夫は55歳以上であること）

(2) 子（18歳到達年度の末日までにあるか、または20歳未満で1級・2級の障害の状態にあること）

(3) 父母（55歳以上であること）

(4) 孫（18歳到達年度の末日までにあるか、または20歳未満で1級・2級の障害の状態にあること）

(5) 祖父母（55歳以上であること）

＊被保険者等の死亡日に55歳以上であることが必要な、上記(1)の夫、(3)の父母、(5)の祖父母の支給開始は60歳からとなります。ただし、遺族基礎年金の受給権がある夫には60歳前から支給されます。

[子のある配偶者の場合]　遺族厚生年金／遺族基礎年金
[子の場合]　遺族厚生年金／遺族基礎年金
[その他の遺族の場合]　遺族厚生年金／加算
中高齢の子のない妻等の場合
＊夫、父母には年齢制限があります。

■受けられる遺族の順位

遺族厚生年金を受けられる遺族の順位は、①配偶者または子、②父母、③孫、④祖父母、となっています。

ただし、配偶者と子の場合を除いて、年金を受けられなくなった先の順位の人に代わって後の順位の人が年金を受けること（転給）はできません。

年金額

遺族厚生年金の額は、次の報酬比
例の年金額の4分の3に相当する額
となっています。

遺族厚生年金の額は、次の式で計算されますが、配偶者以外に支給される場合にはさらに受給権者の数で割ります。なお、この式は、平成15年3月以前の被保険者期間と、同年4月以後の被保険者期間の2つの期間をもつ人が死亡したときの**本来の額**（46頁参照）の式です。

$$\left\{ \begin{array}{c} \overbrace{\left[\begin{array}{c}\text{平均標準}\\\text{報酬月額}\end{array}\right] \times \dfrac{7.125}{1000} \times \left[\begin{array}{c}\text{平15年3月以前}\\\text{の 被 保 険 者}\\\text{期 間 の 月 数}\end{array}\right]}^{\text{平成15年3月以前の期間に係る報酬比例の年金額}} \\ + \\ \underbrace{\left[\begin{array}{c}\text{平均標準}\\\text{報 酬 額}\end{array}\right] \times \dfrac{5.481}{1000} \times \left[\begin{array}{c}\text{平15年4月以後}\\\text{の 被 保 険 者}\\\text{期 間 の 月 数}\end{array}\right]}_{\text{平成15年4月以後の期間に係る報酬比例の年金額}} \end{array} \right\} \times \dfrac{3}{4}$$

また、この式には、49頁の「総報酬制と2つの計算式」および「平均標準報酬月額と平均標準報酬額」が適用されます。

＊102頁上の (1) ～ (3) により支給される短期の遺族厚生年金については、死亡した人の被保険者期間の月数が300未満である場合、「300÷実際の被保険者期間の月数」をかけて、全体を300月分に増額します。

＊102頁上の (4) により支給される長期の遺族厚生年金については、年金額が死亡した人の実際の被保険者期間の月数で計算され、死亡した人が昭和21年4月1日以前生まれのときは、上記の式の「1000分の7.125」は生年月日に応じて1000分の9.5 ～7.230、「1000分の5.481」は生年月日に応じて1000分の7.308～5.562となります（47頁の表の報酬比例部分の「新乗率」参照）。

●中高齢の加算

遺族基礎年金は子のない妻には支給されませんし、子のある妻でも子が18歳到達年度の末日に至るか1級・2級の障害の子が20歳になれば、遺族基礎年金を受けられなくなります。

そこで、102頁上の (1)、(2)、(3) に該当する人か、(4) に該当して厚生年金保険の被保険者期間が20年（32頁の中高齢の特例に該当するときは15年〜19年）以上ある人が亡くなった場合、夫が死亡したときに40歳注以上で子のない妻（夫の死亡後40歳注に達した当時は子がいたけれども、子が18歳到達年度の末日などに至ったことにより子がいなくなった妻を含む）が受ける遺族厚生年金には、65歳になるまでの間、**中高齢の加算**として612,000円（月額51,000円）が加算されます。

●65歳以上の妻の遺族厚生年金に経過的寡婦加算

妻が65歳になると中高齢の加算がなくなりますが、昭和61年3月以前に国民年金に任意加入していない妻の年金額が、65歳前の年金額より低くならないように特別の加算が行われます。

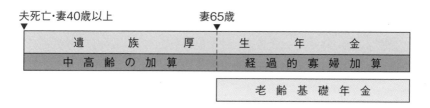

この加算の額は、昭和61年4月1日から60歳になるまで国民年金に加入した妻の老齢基礎年金の額と合わせると、610,300円になるように、妻の生年月日に応じて、次の表のように定められています。

妻の生年月日	加算額	妻の生年月日	加算額
昭 2 年4月1日以前	610,300円	昭11年4月2日〜昭12年4月1日	377,814円
昭 2 年4月2日〜昭 3 年4月1日	579,004円	昭12年4月2日〜昭13年4月1日	361,669円
昭 3 年4月2日〜昭 4 年4月1日	550,026円	昭13年4月2日〜昭14年4月1日	346,397円
昭 4 年4月2日〜昭 5 年4月1日	523,118円	昭14年4月2日〜昭15年4月1日	331,929円
昭 5 年4月2日〜昭 6 年4月1日	498,066円	昭15年4月2日〜昭16年4月1日	318,203円
昭 6 年4月2日〜昭 7 年4月1日	474,683円	昭16年4月2日〜昭17年4月1日	305,162円
昭 7 年4月2日〜昭 8 年4月1日	452,810円	昭17年4月2日〜昭18年4月1日	284,820円
昭 8 年4月2日〜昭 9 年4月1日	432,303円	昭18年4月2日〜昭19年4月1日	264,477円
昭 9 年4月2日〜昭10年4月1日	413,039円	昭19年4月2日〜昭20年4月1日	244,135円
昭10年4月2日〜昭11年4月1日	394,909円	昭20年4月2日〜昭21年4月1日	223,792円

妻の生年月日	加算額	妻の生年月日	加算額
昭21年4月2日〜昭22年4月1日	203,450円	昭26年4月2日〜昭27年4月1日	101,737円
昭22年4月2日〜昭23年4月1日	183,107円	昭27年4月2日〜昭28年4月1日	81,395円
昭23年4月2日〜昭24年4月1日	162,765円	昭28年4月2日〜昭29年4月1日	61,052円
昭24年4月2日〜昭25年4月1日	142,422円	昭29年4月2日〜昭30年4月1日	40,710円
昭25年4月2日〜昭26年4月1日	122,080円	昭30年4月2日〜昭31年4月1日	20,367円

　なお、夫死亡時に妻が65歳以上になっていて、中高齢の加算と同様、夫が102頁上の（1）、（2）、（3）に該当するか、（4）に該当して厚生年金保険の被保険者期間が20年（32頁の中高齢の特例に該当するときは15年〜19年）以上ある場合にも、妻の遺族厚生年金に経過的寡婦加算が加算されます。

●老齢厚生年金と配偶者死亡による遺族厚生年金を受けられる場合

　夫が死亡したと仮定し（妻が死亡した場合には、下記において「妻」を「夫」に、「夫」を「妻」に読み替えます）、夫死亡時に65歳以上であった妻が（A）妻自身の老齢厚生年金と夫死亡による遺族厚生年金を受けられる場合（妻が夫死亡による遺族基礎年金も受けられる場合を除く）を考えます。この場合、遺族厚生年金の額は、（B）【104頁の方法で計算される報酬比例の年金額の4分の3】と（C）【104頁の方法で計算される報酬比例の年金額の2分の1と妻自身の老齢厚生年金の額（加給年金額を除く）の2分の1の合計】のうちどちらか多いほうとなります。ただし、このようにして額が算出された遺族厚生年金のうち、妻自身の老齢厚生年金の額（加給年金額を除く）に相当する部分は支給停止となります。そして、妻には、遺族厚生年金のうちこの支給停止以外の部分と老齢基礎年金と老齢厚生年金が合わせて支給されます。

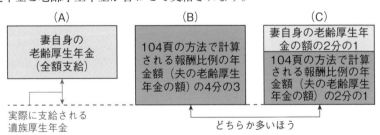

■遺族厚生年金の失権

遺族厚生年金を受けている人が、次のいずれかに該当すると、遺族厚生年金を受ける権利がなくなります。

(1) 死亡したとき

(2) 婚姻したとき（事実婚を含む）

(3) 直系血族または直系姻族以外の養子（事実上養子縁組と同様の事情にある者を含む）となったとき

(4) 養子縁組により死亡した人の養子または養親となっていた人が、離縁したとき

(5) 子または孫が18歳到達年度の末日に至ったとき（1級・2級の障害の状態にある場合は、18歳到達年度の末日の後20歳未満でその状態がやんだとき、または20歳になったとき）

＊配偶者以外の人が受けている遺族厚生年金は、受けている人の数に増減があったときは、増減があった月の翌月から年金額が改定されます。

●30歳未満の妻に支給される遺族厚生年金の場合

平成19年4月1日以後に死亡日がある場合であって、①遺族厚生年金と遺族基礎年金を受けていた子のある妻が30歳になる前に遺族基礎年金を受ける権利を失った場合には、失ってから5年が過ぎたとき、②子のない妻に30歳になる前に遺族厚生年金のみを受ける権利が発生した場合には、発生してから5年が過ぎたときに、遺族厚生年金を受ける権利がなくなります。

■遺族厚生年金の計算例 （報酬比例の年金額は104頁の**本来の額**の式で計算し、令和7年度以後についても令和6年度の年金額で計算）

①子のない妻の年金額

受給権者の生年月日・子の有無：昭和39年4月2日生まれの子のない妻
夫の生年月日：昭和35年4月2日　夫の死亡月：令和6年4月
夫の厚生年金保険の被保険者期間：42年（504月）
夫の平成15年3月以前の平均標準報酬月額（賞与を含めない平均月収）：32万円（252月）
夫の平成15年4月以後の平均標準報酬額（賞与を含めた平均月収）：42万円（252月）

子のない妻には遺族基礎年金は支給されませんが、夫の死亡当時40歳以上の妻には40歳から65歳になるまで遺族厚生年金に104頁の中高齢の加算が加算されます。

○**遺族厚生年金**＝報酬比例の年金額×$\dfrac{3}{4}$

$$＝\left(320,000円×\dfrac{7.125}{1000}×252月＋420,000円×\dfrac{5.481}{1000}×252月\right)×\dfrac{3}{4}≒866,002円$$

中高齢の加算＝612,000円　　　　計　1,478,002円

②前記の妻が65歳になったときの年金額

厚生年金保険被保険者期間：2年　平均標準報酬月額：18万円
昭和61年3月以前の国民年金の任意加入期間：なし

この妻が65歳になると、自分の加入期間に応じた老齢基礎年金と老齢厚生年金の受給権が発生し、また遺族厚生年金の額は106頁の（A）・（B）・（C）のとおりに計算されるようになります（昭和31年4月2日以後生まれの妻には105頁の経過的寡婦加算が行われません）。なお、この妻には63歳から特別支給の老齢厚生年金が支給されますが、遺族厚生年金のほうが額が多いので、65歳に到達するまでは遺族厚生年金を選択することとなります。

○**老齢基礎年金**＝816,000円×$\dfrac{(2年＋38年)×12}{40年×12}$＝816,000円

（A）老齢厚生年金

$$＝180,000円×\dfrac{7.125}{1000}×24月＋1,701円×24月－\left(816,000円×\dfrac{2年×12}{40年×12}\right)＝30,804円$$

（B）報酬比例の年金額×$\dfrac{3}{4}$＝866,002円

（C）老齢厚生年金×$\dfrac{1}{2}$＋報酬比例の年金額×$\dfrac{1}{2}$

$$＝30,804円×\dfrac{1}{2}＋1,154,669円×\dfrac{1}{2}≒592,737円$$

○**遺族厚生年金**＝866,002円（（B）のほうが（C）よりも多いので）
　　（A）相当分支給停止後の遺族厚生年金＝866,002円－30,804円＝835,198円
○**支給額の合計**＝816,000円＋30,804円＋835,198円＝1,682,002円

3. 寡婦年金・死亡一時金

■寡婦年金

●支給を受ける条件

国民年金の第1号被保険者として保険料を納めた期間（保険料の免除を受けた期間を含む）が10年以上（平成29年7月までは25年以上（昭和5年4月1日以前に生まれた人は年齢に応じて21年〜24年以上──32頁参照））ある夫が死亡した場合、10年以上婚姻関係（事実上の婚姻関係を含む）のあった妻に、60歳から65歳になるまで支給されます。

ただし、死亡した夫が、老齢基礎年金または障害基礎年金を受けていたことがある場合は、支給されません。

●年金額

寡婦年金の額は、夫が受けられたであろう第1号被保険者期間に基づく老齢基礎年金の額の4分の3です。

■死亡一時金

●支給を受ける条件

第1号被保険者として保険料を納めた月数（全額納付した月は1カ月、4分の1免除は4分の3カ月、半額免除は2分の1カ月、4分の3免除は4分の1カ月で計算されます）の合計が36カ月（3年）以上ある人が、老齢基礎年金および障害基礎年金のいずれも受けたことがないまま死亡したときに、死亡した人と生計をともにしていた遺族に支給されます。

なお、①その人の死亡により遺族基礎年金を受けられる人がいるとき、②その人の死亡当時胎児だった子が生まれ、子または配偶者が遺族基礎年金を受けられるようになったときは支給されません。ただし、遺族基礎年金を受ける権利が配偶者になく子にある場合であって、その子といっしょに生活している父または母がいるため遺族基礎年金の支給が停止されている場合には、死亡一時金は支給されます。

また、死亡一時金と寡婦年金の両方を受けられる場合は、支給を受ける人の選択によって、どちらかが支給されます。

遺族給付

109

●支給を受ける遺族

　死亡一時金を受けられる遺族は、死亡した人の①配偶者、②子、③父母、④孫、⑤祖父母、⑥兄弟姉妹で、受けられる順序もこのとおりです。

●支給される金額

　第1号被保険者として保険料を納めた月数（全額納付した月は1カ月、4分の1免除は4分の3カ月、半額免除は2分の1カ月、4分の3免除は4分の1カ月で計算されます）に応じて、次のようになっています。

第1号被保険者として保険料を納めた月数	金　　額
36カ月以上180カ月未満	120,000円
180カ月以上240カ月未満	145,000円
240カ月以上300カ月未満	170,000円
300カ月以上360カ月未満	220,000円
360カ月以上420カ月未満	270,000円
420カ月以上	320,000円

なお、付加保険料を3年以上納付している場合は8,500円が加算されます。

未支給の給付

　年金を受けている人が亡くなったときに、その人に支払われるはずの年金が残っていたり、年金を受ける権利はあったが、請求しないうちに亡くなったときは、未払いの年金が遺族に支給されます。

　この未支給の給付は、遺族の名で請求し、一時金として支給されます。請求できる遺族は、死亡した人と生計を同じくしていた①配偶者、②子、③父母、④孫、⑤祖父母、⑥兄弟姉妹、⑦おい・めい、子の配偶者、おじ・おば、ひ孫、曽祖父母などで、受けられる順位も上記のとおりです。なお、遺族には年齢の制限はありません（平成26年3月以前に死亡したときの遺族の範囲は上記の①〜⑥となります）。

年金の手続きと相談

1. 請求の手続きと支払月

年金は、受給する条件がそろえば自動的に受けられるものではなく、そのための手続きをしなければなりません。

■年金請求書が送付されてきます

　特別支給の老齢厚生年金を受けられる人および65歳から老齢基礎年金・老齢厚生年金を受けられる人には、支給開始年齢または65歳になる3カ月前までに、年金加入記録等をあらかじめ印字した年金の請求書（「年金請求書」）が日本年金機構から送付されてきます。

■基礎年金と厚生年金は一体で請求する

　支給理由が同じ基礎年金と厚生年金はいっしょに請求します。老齢基礎年金と老齢厚生年金の場合には、いっしょに受けられるときはもちろん、受け始める年月が異なっても、年金証書の年金コードは共通のものを使うことになっています。

　例えば、特別支給の老齢厚生年金を受けていた人が65歳になると老齢基礎年金と老齢厚生年金を受けることになりますが、特別支給の老齢厚生年金で決

受給手続き

111

められた年金証書の年金コードは一生使うことになっていますので、繰下げ受給を希望するかどうかなど65歳以後の年金受給に必要な事柄だけを届け出ればよいことになっています。

■特別支給の老齢厚生年金を受けるとき

　特別支給の老齢厚生年金を受けられるようになったときは年金請求書を提出しますが、提出先は最終加入制度によって異なります。

　最終加入制度が厚生年金保険だった人は、最後に勤めた事業所（在職中に受けるときは現在勤めている事業所）を管轄する年金事務所に提出します。

　最終加入制度が国民年金の第1号・第3号被保険者だった人は、住所地を管轄する年金事務所に提出します。

■繰上げ支給の老齢基礎年金を受けるとき

　繰上げ支給の老齢基礎年金を受けるときは、**支給繰上げ請求書**を添えて年金請求書を提出することになります。

　提出先は、厚生年金保険の加入期間がある人は前項の「特別支給の老齢厚生年金」の場合と同様となっています。また、国民年金の被保険者期間のみの人の提出先は、第1号被保険者の期間のみの人の場合は住所地の市区役所・町村役場、それ以外の人の場合は住所地を管轄する年金事務所となります。

■65歳になったとき

〈特別支給の老齢厚生年金を受けていた人〉　65歳になると、老齢基礎年金と老齢厚生年金を受けることになります。このような人については、年金請求書が日本年金機構から送られてきますので、65歳の誕生月（1日生まれの人は誕生月の前月）の末日までに日本年金機構（〒168-8505 東京都杉並区高井戸西3-5-24）に提出（郵送）します。

＊老齢基礎年金も老齢厚生年金も両方とも繰下げ受給（支給開始を66歳以降に延期することによって、増額された年金を受けること）を希望する場合には、この年金請求書を提出する必要はありません。

〈65歳で初めて受ける人〉　老齢基礎年金と老齢厚生年金を受けられるようになった人は、年金請求書を提出しますが、提出先は、前記の「特別支給の老齢

厚生年金」の場合と同様です。

〈老齢基礎年金だけを受ける人〉　国民年金の被保険者期間のみで老齢基礎年金だけを受ける人も年金請求書を提出しますが、提出先は、第1号被保険者の期間のみの人の場合は住所地の市区役所・町村役場、それ以外の人の場合は住所地を管轄する年金事務所となります。

■繰下げ支給の老齢基礎年金・老齢厚生年金を受けるとき

　繰下げ支給の老齢基礎年金・老齢厚生年金を受けるときは、66歳以後に**支給繰下げ申出書**を添えて年金請求書を提出することになります。

　提出先は、厚生年金保険の加入期間がある人は前記の「特別支給の老齢厚生年金」の場合と同様となっています。また、国民年金の被保険者期間のみの人の提出先は、第1号被保険者の期間のみの人の場合は住所地の市区役所・町村役場、それ以外の人の場合は住所地を管轄する年金事務所となります。

■障害給付を受けるとき

　障害給付を受けられるようになったときは障害給付の年金請求書を提出しますが、提出先は初診日に加入していた制度によって異なります。

　初診日に厚生年金保険に加入していて基礎年金と厚生年金を受けられる人は、原則として最後に勤めた事業所を管轄する年金事務所に提出します。

　基礎年金のみを受ける人のうち、国民年金の第1号被保険者の期間のみの人、初診日に20歳未満の人および60歳以上65歳未満の老齢基礎年金待機者であった場合は住所地の市区役所・町村役場に、それ以外の人の場合は住所地を管轄する年金事務所に提出します。

■遺族給付を受けるとき

　遺族給付を受けられるようになったときは遺族給付の年金請求書を提出しますが、提出先は死亡した人が加入していた制度などによって異なります。

　厚生年金が支給される場合には、年金事務所に提出します。

　基礎年金のみが支給される場合には、国民年金の第1号被保険者の期間のみの人が死亡したときはその人の住所地の市区役所・町村役場に、それ以外の人の死亡のときはその人の住所地を管轄する年金事務所に提出します。

■年金を受けられる期間

　年金は、受ける資格ができた月の翌月から、死亡などによって受けられなくなった月まで支給されます。

■年金の受け方と支払月

　年金が支給されることになると、それぞれ、年金決定通知書といっしょに**年金証書**が交付されます。これはいろいろな場合の手続に必要なものですから、大切に保管しておいてください。

　年金は、受給権者が払渡しを希望した銀行、ゆうちょ銀行、信用金庫、農業協同組合、漁業協同組合などの金融機関を通じて支払われ、いずれの場合も、支払期ごとに支払いの請求をする必要はありません。

　年金の支払いは2月、4月、6月、8月、10月および12月の年6回で、それぞれの前2カ月分（例えば4月の支払い月の場合は2月と3月の2カ月分）が支払われます。

　なお、2カ月ごとの支払い額に端数が出たときは、1円未満の端数は切り捨てられます。ただし、この切り捨てられた金額の合計額は、毎年2月に支払われる年金額に加算されます。

●振込通知書または年金送金通知書

　銀行などの預金口座またはゆうちょ銀行の貯金口座への振込を希望した場合、「年金振込通知書」が初めて年金が支払われるときに日本年金機構から送付され、それ以降は毎年6月に、翌年4月までの毎回支払われる金額が記載されて送られて来ます。

　また、ゆうちょ銀行で年金の支払いを現金で受けることを希望した人には、毎支払月に日本年金機構から**年金送金通知書**が送られて来ます。

2. 年金受給者の主な届出

●共通する届出

届出を必要とするとき	届書の種類	提出時期
誕生月がきたとき*1	年金受給権者現況届	誕生月の末日までに
氏名を変えたとき	年金受給権者氏名変更届	14日以内（国民年金） 10日以内（厚生年金）
住所や年金の受取先を変えるとき*2	年金受給権者住所変更届、受取機関変更届	14日以内（国民年金） 10日以内（厚生年金）
年金証書を失くしたり、汚したりしたとき	年金証書再交付申請書	そのつど
年金を受けている人が死亡したとき*3	年金受給権者死亡届	14日以内（国民年金） 10日以内（厚生年金）
死亡した人の未払いの年金・保険給付を受けようとするとき	未支給年金・保険給付請求書	すみやかに
2つ以上の年金を受ける権利ができたとき	年金受給選択申出書	すみやかに

*1 住民基本台帳ネットワーク情報を活用して現況を確認ができる人については不要です。
*2 住所変更の届出は、日本年金機構にマイナンバーが収録されている人については原則不要です。
*3 日本年金機構にマイナンバーが収録されている人については原則不要です。

●老齢給付の届出

届出を必要とするとき	届書の種類	提出時期
支給停止期間が満了したとき等	老齢・障害給付受給権者支給停止事由消滅届	すみやかに
胎児であった子が生まれたとき	障害基礎・老齢厚生・退職共済年金受給権者胎児出生届	出生から10日以内
加給年金額の対象者が死亡や独立などしたとき	加算額・加給年金額対象者不該当届	10日以内（厚生年金）
加給年金額の対象者である18歳到達年度の末日までにある子が障害の状態になったとき	障害基礎年金・老齢厚生年金・退職共済年金加算額・加給年金額対象者の障害該当届	すみやかに
加給年金額の対象者である配偶者が老齢・退職または障害を支給事由とする年金を受けることになったとき	老齢・障害給付加給年金額支給停止事由該当届	すみやかに
加給年金額の対象者である配偶者が老齢・退職または障害を支給事由とする年金を受けられなくなったとき	老齢・障害給付加給年金額支給停止事由消滅届	すみやかに
老齢厚生年金の受給権が発生した後に、額の計算の基礎となる被保険者期間が240月以上となり、そのとき配偶者または子の生計を維持していた場合	老齢厚生年金・退職共済年金加給年金額加算開始事由該当届	すみやかに

●障害給付の届出

届出を必要とするとき	届書の種類	提出時期
障害の程度が軽くなり、年金を受ける程度でなくなったとき	障害給付受給権者障害不該当届	すみやかに
支給停止になっていた年金がふたたび受けられるようになったとき	老齢・障害給付受給権者支給停止事由消滅届	すみやかに
障害の程度が重くなったときなど	障害給付額改定請求書	すみやかに
子の加算額または加給年金額の対象者が死亡や独立などをしたとき	加算額・加給年金額対象者不該当届	14日以内（国民年金） 10日以内（厚生年金）
子の加算額または加給年金額の対象者を有するようになったとき	障害給付加算額・加給年金額加算開始事由該当届	14日以内（国民年金） 10日以内（厚生年金）
加算額の対象者である18歳到達年度の末日までにある子が障害の状態になったとき	障害基礎年金・老齢厚生年金・退職共済年金加算額・加給年金額対象者の障害該当届	すみやかに
加給年金額の対象者である配偶者が老齢・退職または障害を支給事由とする年金を受けられることになったとき	老齢・障害給付加給年金額支給停止事由該当届	すみやかに
加給年金額の対象者である配偶者が老齢・退職または障害を支給事由とする年金を受けられなくなったとき	老齢・障害給付加給年金額支給停止事由消滅届	すみやかに

●遺族給付の届出

届出を必要とするとき	届書の種類	提出時期
結婚などにより遺族給付が受けられなくなったとき	遺族年金失権届	14日以内（国民年金） 10日以内（厚生年金）
胎児であった子が生まれたとき	遺族基礎・厚生年金額改定請求書	14日以内（国民年金） 10日以内（厚生年金）
遺族給付を受けていた人が1年以上行方不明のときなど	遺族基礎・厚生年金受給権者の所在不明による支給停止・支給停止解除申請書	すみやかに
支給停止されている子の遺族給付が受けられるようになったときなど	遺族年金受給権者支給停止事由消滅届	すみやかに
遺族給付を受けている18歳到達年度の末日までにある子・孫が障害の状態になったとき	遺族給付受給権者の障害該当届	すみやかに
加算対象者の子が死亡や養子縁組などしたとき	加算額・加給年金額対象者不該当届	14日以内（国民年金） 10日以内（厚生年金）
遺族厚生年金を受けている55歳以上60歳未満の障害状態にある父母・祖父母が障害の状態でなくなったとき	遺族厚生・遺族共済年金受給権者支給停止事由該当届	すみやかに
遺族基礎年金を受けている子が父または母と生計を同じくするようになったとき	遺族基礎年金受給権者支給停止事由該当届	すみやかに

3. 年金と税金

年金のうち老齢および退職を支給事由とする給付には、所得税法により雑所得として所得税がかかります。年金の支払者である厚生労働大臣は、年金を支払う際に所得税を源泉徴収することになっています（障害年金・遺族年金は課税されません）。

■扶養親族等申告書を提出する

課税対象となる受給者には、毎年8月より順次日本年金機構から「公的年金等の受給者の扶養親族等申告書」が送られて来ますので、必要事項を記入して提出期限までに必ず提出（郵送）してください。

この申告により、翌年中に受けられる年金にかかる所得税の源泉徴収税額が決まります。提出しないと各種控除が受けられず、源泉徴収税額が多くなる場合がありますのでご注意ください。

なお、支払年金額が158万円（65歳未満の人は108万円）未満の人は、扶養親族等申告書を提出する必要はありませんし、所得税が源泉徴収されることもありません。また、年金以外に収入のある人は、確定申告を行うことになっています。

扶養親族等申告書を提出すると、公的年金等控除、配偶者控除などの諸控除が受けられます。

■月割控除額で計算して支払われる

申告書を提出した人が年金の支払いを受けるときの源泉徴収税額は、次のように「月割控除額」を決めて計算されています。

源泉徴収税額＝{年金支給額－社会保険料－（月割控除額の合計×その年金支払額の計算基礎となった月数)}×税率（5.105%）

*「社会保険料」とは、年金から特別徴収された介護保険料および国民健康保険料（または後期高齢者医療保険料）の合計額です。

●月割控除額

対象	控除の種類	月割控除額（1カ月当たり）
受給者全員	公的年金等控除、基礎控除相当	・65歳未満の人…（年金支給額－社会保険料）の1カ月分×25％＋65,000円（最低9万円） ・65歳以上の人…（年金支給額－社会保険料）の1カ月分×25％＋65,000円（最低13.5万円）
控除対象配偶者がいる場合	配偶者控除	32,500円
	または 老人控除対象配偶者相当	40,000円
控除対象扶養親族がいる場合（16歳以上）	扶養控除	32,500円×人数
	または 特定扶養親族控除	52,500円×人数
	または 老人扶養親族控除	40,000円×人数
受給者本人、同一生計配偶者、扶養親族が障害者の場合	普通障害者控除	22,500円×人数
	または 特別障害者控除	35,000円×人数
	または 同居特別障害者控除	62,500円×人数
受給者本人が寡婦、ひとり親の場合	寡婦控除	22,500円
	または ひとり親控除	30,000円

※1 同一生計配偶者とは、受給者と生計を同一にする配偶者（青色事業専従者に該当して給与の支払いを受ける人等を除く）で、年間の合計所得金額が48万円以下である人をいいます。

※2 控除対象配偶者とは、同一生計配偶者のうち、合計所得金額が1,000万円以下である居住者の配偶者をいいます。

※3 扶養親族とは、受給者と生計を同一にする親族（青色事業専従者に該当して給与の支払いを受ける人等を除く）で、年間の合計所得金額が48万円以下である人をいいます。

※4 控除対象扶養親族とは、16歳以上の扶養親族をいいます。

※5 特定扶養親族とは、19歳以上23歳未満の扶養親族をいいます。

※6 老人扶養親族とは、70歳以上の扶養親族をいいます。

※7 障害者とは、身体障害者手帳に身体上の障害がある者として記載されるなど所得税法施行令で定められた障害の状態にある人をいいます。

※8 障害者控除は、扶養親族が年少扶養親族（16歳未満の扶養親族）である場合においても適用されます。

※9 特別障害者とは、身体障害者手帳に身体上の障害の程度が1級または2級である者として記載されるなど所得税法施行令で定められた重度の障害者をいいます。

※10　同居特別障害者とは、控除対象配偶者または扶養親族のうち特別障害者に該当する人で、受給者本人、その配偶者または受給者と生計を同一にするその他の親族のいずれかとの同居を常況としている人をいいます。

※11　寡婦とは、受給者本人が以下の(1)または(2)のどちらかに該当し、かつ、本人の所得の見積額が500万円以下である場合をいいます。

(1)次の①・②のどちらかに該当し、扶養親族（子以外）のいる人

　①夫と死別・離婚した後、婚姻していない人

　②夫の生死が明らかでない人

(2)次の①・②のどちらかに該当し、扶養親族のいない人

　①夫と死別した後、婚姻していない人

　②夫の生死が明らかでない人

※12　ひとり親とは、生計を同一にする子（所得見積額が48万円以下）がいる受給者本人が以下の(1)、(2)、(3)のいずれかに該当し、かつ、本人の所得の見積額が500万円以下である場合をいいます。

(1)配偶者と死別・離婚した後、婚姻していない人

(2)婚姻歴のない人

(3)配偶者の生死が明らかでない人

●税制改正に伴って、令和2年分以降の扶養親族等申告書については、提出した場合と提出しなかった場合で所得税率に差がなくなりました。そのため、各種控除に該当しない人（受給者本人が障害者・寡婦・ひとり親等に該当せず、控除対象となる配偶者または扶養親族がいない人）は、扶養親族等申告書を提出する必要はなくなりました。

4. 年金の相談

■相談場所

　国民年金および厚生年金保険の相談場所は、年金事務所、街角の年金相談センターとなっています。また、国民年金については、市区役所・町村役場でも相談を受け付けています。

●**年金事務所**では、来訪者との直接面談・電話による相談・照会を受け付けています。

●**ねんきんダイヤル**（0570-05-1165）では、一般的な年金相談を受け付けています。

＊一般の固定電話からかける場合、全国どこからでも市内通話料金で利用できます。
＊050で始まる電話でかける場合は「03-6700-1165」。

●**予約受付専用電話**（0570-05-4890）では、来訪相談の予約を受け付けています。

＊一般の固定電話からかける場合、全国どこからでも市内通話料金で利用できます。
＊050で始まる電話でかける場合は、「03-6631-7521」。

●**ねんきん加入者ダイヤル**では、一般的な年金の加入に関する問合せを受け付けています。

　・国民年金加入者向け：0570-003-004

　　（050で始まる電話でかける場合：03-6630-2525）

　・事業所・厚生年金加入者向け：0570-007-123

　　（050で始まる電話でかける場合：03-6837-2913）

＊一般の固定電話からかける場合、全国どこからでも市内通話料金で利用できます。

●**街角の年金相談センター**では、来訪者との直接面談による相談・照会を受け付けています（電話での相談は受け付けていません）。

（令和6年4月現在）

街角の年金相談センター札幌駅前	札幌市中央区北1条西2-1　札幌時計台ビル4F
街角の年金相談センター麻生	札幌市北区北38条西4-1-8
街角の年金相談センター青森(オフィス)	青森市本町1-3-9　ニッセイ青森本町ビル10F
街角の年金相談センター盛岡(オフィス)	盛岡市大通3-3-10　七十七日生盛岡ビル4F
街角の年金相談センター仙台	仙台市青葉区国分町3-6-1　仙台パークビル2F
街角の年金相談センター秋田(オフィス)	秋田市東通仲町4-1　秋田拠点センターALVE 2F

街角の年金相談センター酒田	酒田市中町1-13-8
街角の年金相談センター福島	福島市北五老内町7-5　i・s・M37（イズム37）2F
街角の年金相談センター水戸	水戸市南町3-4-10　水戸FFセンタービル1F
街角の年金相談センター土浦	土浦市桜町1-16-12　リーガル土浦ビル3F
街角の年金相談センター前橋	前橋市亀里町1310　群馬県JAビル3F
街角の年金相談センター大宮	さいたま市大宮区桜木町2-287　大宮西口大栄ビル3F
街角の年金相談センター川越（オフィス）	川越市脇田本町16-23　川越駅前ビル8F
街角の年金相談センター草加	草加市瀬崎1-9-1　谷塚コリーナ2F
街角の年金相談センター新潟	新潟市中央区東大通2-3-26　プレイス新潟6F
街角の年金相談センター長野	長野市中御所45-1　山王ビル1F
街角の年金相談センター上田（オフィス）	上田市天神1-8-1　上田駅前ビルパレオ6F
街角の年金相談センター千葉	千葉市中央区新田町4-22　サンライトビル1F
街角の年金相談センター市川（オフィス）	市川市市川1-7-6　愛愛ビル3F
街角の年金相談センター船橋	船橋市本町1-3-1　フェイスビル7F
街角の年金相談センター柏	柏市柏4-8-1　柏東口金子ビル1F
街角の年金相談センター新宿	新宿区西新宿1-7-1　松岡セントラルビル8F
街角の年金相談センター町田	町田市中町1-2-4　日新町田ビル5F
街角の年金相談センター立川	立川市曙町2-7-16　鈴春ビル6F
街角の年金相談センター国分寺	国分寺市南町2-1-31　青木ビル2F
街角の年金相談センター大森	大田区山王2-8-26　東辰ビル5F
街角の年金相談センター八王子（オフィス）	八王子市横山町22-1　エフ・ティービル八王子3F
街角の年金相談センター足立（オフィス）	足立区綾瀬2-24-1　ロイヤルアヤセ2F
街角の年金相談センター江戸川（オフィス）	江戸川区一之江8-14-1　交通会館一之江ビル3F
街角の年金相談センター練馬（オフィス）	練馬区東大泉6-52-1
街角の年金相談センター武蔵野（オフィス）	武蔵野市中町1-6-4　三鷹山田ビル3F
街角の年金相談センター江東（オフィス）	江東区亀戸2-22-17　日本生命亀戸ビル5F
街角の年金相談センター横浜	横浜市西区高島2-19-12　スカイビル18F
街角の年金相談センター戸塚	横浜市戸塚区上倉田町498-11　第5吉本ビル3F
街角の年金相談センター溝ノ口	川崎市高津区溝口1-3-1　ノクティプラザ1 10F
街角の年金相談センター相模大野	相模原市南区相模大野3-8-1　小田急相模大野ステーションスクエア1F
街角の年金相談センター新横浜（オフィス）	横浜市港北区新横浜2-5-10　楓第2ビル3F
街角の年金相談センター藤沢（オフィス）	藤沢市藤沢496　藤沢森井ビル6F
街角の年金相談センター厚木（オフィス）	厚木市中町3-11-18　Flos厚木6F
街角の年金相談センター富山	富山市稲荷元町2-11-1　アピアショッピングセンター2F
街角の年金相談センター金沢	金沢市鳴和1-17-30
街角の年金相談センター岐阜	岐阜市香蘭2-23　オーキッドパーク西棟3F
街角の年金相談センター静岡	静岡市駿河区南町18-1　サウスポット静岡2F

街角の年金相談センター沼津	沼津市大手町3-8-23　ニッセイスタービル4F
街角の年金相談センター浜松(オフィス)	浜松市中央区西塚町200番地　サーラプラザ浜松5F
街角の年金相談センター名古屋	名古屋市中村区椿町1-16　井門名古屋ビル2F
街角の年金相談センター栄	名古屋市中区栄4-2-29　JRE名古屋広小路プレイス8F
街角の年金相談センター津(オフィス)	津市丸之内養正町4-1　森永三重ビル1F
街角の年金相談センター福井(オフィス)	福井市手寄1-4-1　アオッサ(AOSSA)2F
街角の年金相談センター天王寺	大阪市天王寺区南河堀町10-17　天王寺北NKビル2F
街角の年金相談センター吹田	吹田市片山町1-3-1　メロード吹田2番館10F
街角の年金相談センター堺東	堺市堺区中瓦町1-1-21　堺東八幸ビル7F
街角の年金相談センター枚方	枚方市岡東町5-23　アーバンエース枚方ビル2F
街角の年金相談センター城東	大阪市城東区中央1-8-24　東洋プラザ蒲生ビル1F
街角の年金相談センター東大阪	東大阪市永和1-18-12　NTT西日本東大阪ビル1F
街角の年金相談センター豊中	豊中市本町1-1-3　豊中高架下店舗南ブロック1F
街角の年金相談センターなかもず	堺市北区長曽根町130-23　堺商工会議所本館1F
街角の年金相談センター北須磨	神戸市須磨区中落合2-2-5　名谷センタービル7F
街角の年金相談センター尼崎	尼崎市南塚口町2-1-2-208　塚口さんさんタウン2番館2F
街角の年金相談センター姫路	姫路市南畝町2-53　ネオフィス姫路南1F
街角の年金相談センター西宮(オフィス)	西宮市北口町1-2　アクタ西宮東館1F
街角の年金相談センター草津	草津市渋川1-1-50　近鉄百貨店草津店5F
街角の年金相談センター宇治	宇治市広野町西裏54-2
街角の年金相談センター京都(オフィス)	京都市西京区桂野里町17番地　ミュー阪急桂(EAST)5F
街角の年金相談センター奈良	奈良市大宮町4-281　新大宮センタービル1F
街角の年金相談センター和歌山(オフィス)	和歌山市美園町3-32-1　損保ジャパン和歌山ビル1F
街角の年金相談センター岡山	岡山市北区昭和町4-55
街角の年金相談センター広島	広島市中区橋本町10-10　広島インテスビル1F
街角の年金相談センター福山	福山市東桜町1-21　エストパルク6F
街角の年金相談センター防府	防府市栄町1-5-1　ルルサス防府2F
街角の年金相談センター徳島(オフィス)	徳島市八百屋町2-11　ニッセイ徳島ビル8F
街角の年金相談センター高松(オフィス)	高松市鍛冶屋町3　香川三友ビル5F
街角の年金相談センター松山(オフィス)	松山市花園町1-3　日本生命松山市駅前ビル5F
街角の年金相談センター北九州	北九州市八幡西区西曲里町2-1　黒崎テクノプラザⅠ-1F
街角の年金相談センター鳥栖(オフィス)	鳥栖市宿町1118　鳥栖市役所南別館1F
街角の年金相談センター長崎(オフィス)	長崎市千歳町2-6　いわさきビル5F
街角の年金相談センター熊本	熊本市中央区花畑町4-1　太陽生命熊本第2ビル3F
街角の年金相談センター中津	中津市豊田町14-3　中津市役所別棟2F
街角の年金相談センター宮崎(オフィス)	宮崎市大淀4-6-28　宮交シティ2F
街角の年金相談センター鹿児島(オフィス)	鹿児島市大黒町2-11　南星いづろビル6F

●年金相談の際に用意するもの

　年金相談の際または窓口で通知書等の交付（再交付）を希望する際は、本人確認を行いますから、状況に応じてあらかじめ以下の書類を用意する必要があります。

① **本人確認書類**

　本人確認書類として運転免許証や個人番号カードなどが必要です。窓口で本人確認書類の原本を提示します。

　本人確認書類には、個人番号カード、運転免許証、住民基本台帳カードなどのように1つの提示で足りるものと、被保険者証、年金証書、基礎年金番号通知書などのように2つ以上の提示が必要なものがあります。詳しくは日本年金機構のホームページ（https://www.nenkin.go.jp/）で確認します。

② **基礎年金番号がわかる書類**

　基礎年金番号通知書、年金手帳、年金証書または年金額改定通知書などに記載されています。

　個人番号（マイナンバー）によるご相談もできますが、その場合は、個人番号（マイナンバー）が確認できる個人番号カード等を用意します。

●相談が受けられる曜日と時間

・曜日──月曜日〜金曜日（国民の休日および年末年始の休日を除きます）。ただし、毎月第2土曜日は相談を受け付けます。

・時間──午前8時30分〜午後5時15分。ただし、月曜日（月曜日が休日の場合は休日明けの初日）は午後7時まで時間延長します。また、第2土曜日は午前9時30分〜午後4時。

●厚生年金基金等（企業年金）への加入期間がおおむね10年未満のときは、**企業年金コールセンター**（0570-02-2666）に相談してください。

＊受付時間：平日午前9時〜午後5時

＊IP電話からかける場合は「03-5777-2666」。

＊加入期間が10年以上のときは、加入していた厚生年金基金等（企業年金）に相談してください。

受給手続き

123

5. 年金記録問題

■基礎年金番号と年金記録問題

　基礎年金番号制度は、平成9年1月にスタートしたもので、それまでは、国民年金（第1号・第3号被保険者）と厚生年金保険の両制度に加入した人は、国民年金と厚生年金保険の2つの年金番号をもっていました。

　また、厚生年金保険の被保険者が転職すると、本来は最初に交付された年金手帳を再就職先の事業所に提出することになっているのに、それをしないため、1人で複数の厚生年金保険の年金番号をもっている人もいました。

　同様の理由から、複数の国民年金の年金番号をもっている人もいて、共済組合の年金番号を含めて、国内には人口を大きく上回る約3億件の年金番号が存在していました。

　旧社会保険庁は、平成9年1月の基礎年金番号制度の導入前から、1人で2つ以上もっていた年金番号を1つに統合する作業を行ってきました。しかし、平成18年6月現在で、約5,095万件が未統合となっていました。

■ねんきん特別便

　旧社会保険庁は、基礎年金番号に未統合の約5,000万件の記録について名寄せ作業を行ってきました。その結果、基礎年金番号に結びつく可能性のある新たな記録が出てきた人について、平成19年12月から翌年の3月まで、「ねんきん特別便」を順次送付しました。

＊平成20年3月までに送付された特別便は、「名寄せ特別便」と呼ばれます。

●平成20年度の送付

　「特別便」は、上記の理由で平成20年3月までに送付された人のほか、平成20年4月から、すべての年金受給者および年金制度加入者（被保険者）についても送付されました。

＊平成20年度に送付された特別便は、「全員特別便」と呼ばれます。

■未統合記録の状況

　旧社会保険庁および日本年金機構は、こうしたねんきん特別便による記録確

認と並行して記録の内容に応じた内容の解明作業を進めてきました。

　その結果、日本年金機構の「年金記録問題への取組状況について」では、令和6年1月末時点の統合済み件数が2,090.3万件となっています。

　この記録の統合については、旧社会保険庁を引き継いだ日本年金機構が作業を行っていて、最新の未統合記録の状況については、日本年金機構のホームページ（https://www.nenkin.go.jp/）を参照してください。

■年金記録の訂正請求と記録回復のための特例法

●年金記録の訂正請求

　年金記録問題のなかで、実際に保険料を納付したにもかかわらず、年金記録や領収書などがない人たちのために、本人の立場に立って年金記録について公正に判断する仕組みである「年金記録確認第三者委員会」（総務省）が平成19年6月22日に発足しました。この「年金記録確認第三者委員会」への年金記録の「確認申立て」は、平成27年2月末で受付けを終了し、平成27年3月からは、厚生労働省に対して年金記録の訂正を求める手続が開始されました。この訂正請求は、それまでの「確認申立て」と同様に、最寄りの年金事務所で受け付けています。

●年金時効特例法

　平成19年7月6日より年金時効特例法（厚生年金保険の給付及び国民年金の給付に係る事項の特例等に関する法律）が実施され、年金記録の訂正によって生じた年金の増額分は、5年を経過したことによって時効消滅した分を含めて、本人または遺族に全額が支払われることになりました。

●厚生年金特例法

　また、平成19年12月19日より厚生年金特例法（厚生年金保険の保険給付及び保険料の納付の特例等に関する法律）が実施されました。この法律は、厚生年金保険料が事業主により給与から天引きされていたにもかかわらず、事業主から保険料の納付や資格などの届出が行われていなかった人についても、年金が支払われるようにするものです。年金記録第三者委員会で厚生年金保険料の給与からの天引きがあったことが認定されれば、年金記録が訂正されて年金額に反映されます。

受給手続き

6. ねんきん定期便とねんきんネット

■ねんきん定期便

　これは、加入者全員に対し、保険料納付実績や年金額の見込みなど、年金に関する個人情報を分かりやすく通知し、保険料負担と年金給付の関係を実感してもらうことを目的として、日本年金機構から毎年誕生月に送付されるものです。

●定期便の通知内容

　定期便の通知内容は、①年金加入期間（加入月数、納付済月数等）、②50歳未満の人には加入実績に応じた年金見込額、50歳以上の人には定期便作成時点の加入制度に引き続き加入した場合の将来の年金見込額（年金受給中の人には年金見込額は通知されません）、③保険料の納付額（加入者負担分累計）、④年金加入履歴（加入制度、事業所名、加入者資格取得・喪失年月日等）、⑤厚生年金保険の全期間の月ごとの標準報酬月額、標準賞与額、保険料納付額、⑥国民年金の全期間の月ごとの保険料納付状況（納付、未納、免除等の別）、となっています。

　ただし、上記の内容の定期便が送付される人は、その年に節目年齢（35歳、45歳、59歳）になる人に限られています。それ以外の人の場合、前記の①〜③については前年のものが更新して通知され、⑤、⑥については直近1年分が通知されます。

●分からないことや疑問点がある場合

　定期便について、分からないことや疑問点がある場合は、**ねんきん定期便・ねんきんネット専用番号**「0570-058-555」に電話で相談してください。

（受付時間）

・月〜金曜日：午前8時30分〜午後5時15分（月曜日は午後7時）
・第2土曜日：午前9時30分〜午後4時

　また、近所の年金事務所または街角の年金相談センターでも相談できます。

＊一般の固定電話からかける場合、全国どこからでも市内通話料金で利用できます。
＊050で始まる電話でかける場合は「03-6700-1144」。

■ねんきんネット

　日本年金機構は、平成23年2月から、自宅のパソコンで以下のサービスを利用できるねんきんネットをホームページで実施しています（スマートフォンでも利用ができます）。

①　年金記録の一覧表示（年金記録照会）——利用者の最新の年金記録を確認できます。

②　持ち主不明記録検索——持ち主が不明な日本年金機構が管理している年金記録を検索し、利用者の年金記録かどうかを年金事務所などで調査することができます。

③　年金見込額試算——今後の保険料納付などの試算条件を入力して、将来受け取る老齢年金の見込額を試算できます。

④　追納・後納等可能月数と金額の確認——国民年金の保険料や付加保険料の未納期間や、保険料の免除、学生納付特例または納付猶予制度の適用を受けている期間などについて、今後納付すべき月数や金額を確認できます。

⑤　電子版「ねんきん定期便」／電子版「被保険者記録照会回答票」——前頁のねんきん定期便の電子版や、利用者に対して年金事務所などの窓口で発行される被保険者記録照会回答票の電子版を確認、保存することができます。

⑥　年金の支払いに関する通知書の確認——年金受給者に郵送される年金振込通知書などの通知書の電子版を確認、保存できます。

⑦　届書の作成——主要な届書を自宅で作成できます。その際、基礎年金番号や生年月日など、基本情報が自動表示され、入力項目のエラーもチェックされます。

●ねんきんネットを利用できない人

　ねんきんネットを利用できない人についても、前記の①、②および③のサービスの一部を受けられる仕組みが用意されています。

　なお、年金加入記録の一部については、一部の市区町村でも印刷したものを受け取れます。

※ねんきんネットを利用できないときや、サービスの詳細については、年金事務所または前頁の**ねんきん定期便・ねんきんネット専用番号**に問い合わせてください。

受給手続き

7. 年金生活者支援給付金

令和元年10月に「年金生活者支援給付金の支給に関する法律」が施行されました。これによって、所得の低い高齢者や障害者などに、次の福祉的な年金が支給されることになりました。

◆所得の額が一定の基準（所得基準額）以下である老齢基礎年金の受給者に、33頁・34頁の国民年金の保険料を納めた期間と免除された期間を基礎とした次の①と②を合算した額の「老齢年金生活者支援給付金」が月単位で支給されます。

　① 給付基準額（5,000円。物価の変動に応じて年度ごとに改定され、令和6年度は5,310円）×保険料を納めた月数／480

　② 老齢基礎年金の満額の月額×【半額免除期間・4分の3免除期間・全額免除期間の合計月数に1/6をかけ、4分の1免除期間の月数に1/12をかけて得られる月数】÷480

◆所得の逆転が生じないよう、所得基準額を上回る一定の範囲の人には上記①に準じた「補足的老齢年金生活者支援給付金」が支給されます。

◆所得に関する一定の基準を満たす、障害基礎年金または遺族基礎年金受給者に、「障害年金生活者支援給付金」または「遺族年金生活者支援給付金」が支給されます。月単位の支給額は、1級の障害基礎年金受給者については上記①の給付基準額の1.25倍であり、それ以外の人については上記①の給付基準額です。

◆支援給付金の支払い事務は日本年金機構が行い、年金と同様2カ月ごとに支給されます。

＊「所得基準額」は、老齢基礎年金の満額を勘案して政令で定められます。